体验——道德教育的生命线

TIYAN DAODEJIAOYU DE SHENGMINGXIAN

刘希寿 著

中国海洋大学出版社
·青岛·

图书在版编目（CIP）数据

体验：道德教育的生命线 / 刘希寿著 . —青岛：
中国海洋大学出版社，2017. 12

　　ISBN 978-7-5670-1665-1

　　Ⅰ. ①体…　Ⅱ. ①刘…　Ⅲ. ①德育—教学研究—中学
Ⅳ. ① G631

中国版本图书馆 CIP 数据核字（2017）第 327136 号

出版发行	中国海洋大学出版社
社　　址	青岛市香港东路 23 号　　　邮政编码　266071
出 版 人	杨立敏
网　　址	http://www.ouc-press.com
电子信箱	1079285664@qq.com
订购电话	0532 - 82032573（传真）
责任编辑	孟显丽　刘宗寅　　　　　　电　　话　0532 - 85901092
装帧设计	青岛汇英栋梁文化传媒有限公司
印　　制	日照报业印刷有限公司
版　　次	2017 年 12 月第 1 版
印　　次	2017 年 12 月第 1 次印刷
成品尺寸	185 mm × 260 mm
印　　张	9.5
字　　数	231 千
印　　数	1—2000
定　　价	32.00 元

道德教育离不开体验（代序）

作为责任编辑，我有幸成为本书的第一读者；作为教育战线的老兵，我深知本书所讨论问题的重要意义。

边阅读边思索，感慨良多，归根结底一句话，那就是"道德教育真的离不开体验"。

"体验"，现已成为一个时髦用词。走在街道上，时常会看到各种各样的体验店，在那里店主们让顾客经过亲身体验后心悦诚服地购买有关商品；参观科技展览会，往往会被人头攒动的体验区所吸引，在那里人们争先恐后地感受着高新科技带来的震撼；一到寒暑假，青少年学生特别喜欢到颇具魅力的"体验营"去，在那里当一回"陆战队员"或"消防战士"，通过"实战"培养不怕困难、奋力拼搏的精神——现在，在经济领域，体验经济正以服务经济为基础，紧跟计算机信息时代，继农业经济阶段、工业经济阶段和服务经济阶段之后，成为人类经济生活的第四个发展阶段；在教育领域，体验式教育悄然兴起，在学校的课堂上开展体验活动已经成为常态，教师通过引导学生经历有关过程来达成知识与技能，过程与方法，情感、态度与价值观的教学目标，实现课程标准对教学的要求。"体验"无处不在，无时不有；它如此活跃，必有其因。

"体验"，《现代汉语词典》给出的解释是"亲身经历"，"通过实践来认识周围的事物"；德国哲学家、天文学家、古典哲学的创始人、古典美学的奠定者康德认为，体验是人在现象界从物境到情境再到意境的一个连续不断的互动发展过程。体验，既是一种活动，也是一种活动结果。说它是一种活动，是指活动主体亲历某一件事情并在亲历的过程中进行有关反思；说它是活动结果，是指活动主体从其亲历和反思中获得了一定的认识和情感。通过体验得到的认识和情感，真实可靠、十分现实并印象深刻，甚至会对未来有所预感。正因为如此，德国哲学家、历史学家、心理学家、社会学家狄尔泰认为，最真实的东西——实在，是活生生的，不能单凭理性知识去把握，而要靠"体验"。我国著名文学家、思想家、中国现代文学的奠基人鲁迅在《花边文学·看书琐记》一书中也写道："文学虽然有普遍性，但因读者的体验的不同而有变化，读者倘没有类似的体验，它也就失去了效力。"

体验式教学是当下教育理论研究与实践中被关注的热点之一。所谓体验式教学，是指根据学生的认知特点和认知规律，通过创设情境或经历实际情景呈现教学内容，引导学生在亲历活动的过程中建构知识体系、发展有关能力、培养积极情感、生成科学意义的教学形式。这种教学形式的核心就是体验——教师引导下的学生自主体验。体验式教学思想，在国外可以追溯到古希腊时期的教学思想、夸美纽斯的教学思想、卢梭自然主义教学思想以及杜威经验主义教学思想；在国内，远的不说，人民教育家、思想家陶行知的"生活即教育""社会即学校""教、学、做合一"的教育思想就是最生动的体现。现在教育界都在讨论"什么是有意义的学习",从过程和方法的角度看,"有体验的学习才是有意义的学习"。有意义的学习,这也正是体验式教学最重要的价值所在。

体验式教学同样适用于道德教育,甚至可以说更适用于道德教育。这是因为体验是"一种图景思维活动,也是一种震撼心灵、感动生命的魅力化育模式,是人类的基本生存方式之一"(刘惊铎著《道德体验论》)。道德教育是对受教育者有目的地施以道德影响的活动,目的在于引导受教育者提高道德觉悟和认识、陶冶道德情感、锻炼道德意志、树立道德信念、培养道德品质、养成道德习惯。这其中,提高受教育者的道德品质是关键中的关键。

一个人的道德品质,从本质上来说,是一种自觉的、自我评价的、受自己观念支配的人格倾向,是一个人对社会道德标准的反映。研究表明,道德品质的心理结构主要包括道德认识(指个体通过学习所获得的关于道德的概念、命题和规则以及实践方式不断内化的产物)、道德情感(指个体的道德需要是否得到满足而发生的一种内在体验)、道德行为(指个体在一定的道德认识指引和道德情感激励下所表现出来的对社会具有道德意义的行为)三个要素。道德品质并不是天生就有的,而是在一定的社会与教育环境中形成的。从心理学的角度看,道德品质的形成要经过三个阶段:顺从,表面接受他人的意见或观点,在外显行为方面与他人一致,个人的态度受外部奖励或惩罚的影响;认同,在思想上、情感上主动接受他人或集体的影响;内化,把外部的新思想、新观点、新行为纳入自己的思想体系中,彻底改变自己的态度。总的来说,人的道德品质的形成要经历外在道德准则、道德规范不断内化和内在道德认识、道德观念不断外显相互交织的复杂过程。

不论从哪个方面看,道德品质的形成不能只局限于讲授或讨论有关道德知识,而要落实到情感体验和道德实践上。要做到这一点,体验式教学就是一种有效的方法。正如前苏联著名教育实践家和教育理论家苏霍姆林斯基所说,"道德准则,只有当它们被学生自己去追求、获得和亲身体验过的时候,只有当它们变成学生独立的个人信念的时候,才能真正成为学生的精神财富"。实践证明,在道德教育活动中,没有体验就没有内化,没有内化就没有发展。现在,"体验"已经成为一种颇具活力的现代教育理念和富有魅力的道德教育模式。

刘希寿老师长期担任中小学思想品德课的教学,而且不断创造条件坚持边教学边研究,成为一名成果颇丰的研究型教师。他长期探索体验在道德教育中的作用,并用两年半的时间对所积累起来的资料进行整理和理论提升,写成了《体验——道德教育的生命线》一书,其精神实为难能可贵。

在与刘希寿老师交流书稿的修改意见时,我们在很多问题上颇有同感甚至产生共鸣。刘希寿老师希望我能为本书写个序,我一再推辞,未成;后来想,我虽然没有就此问题进行过专门研究,但总有些感想吧,谈出来也许能对读者理解体验在道德教育中的重要性起点作用,于是就有了上面的文字。

是为序。

刘宗寅

2017 年 9 月 28 日

一、一件事的触动

我之所以对体验在道德教育中的重要作用产生了研究兴趣,缘于自己孩子的一次劳动经历。

那是2007年的中秋节,我和妻子带着儿子回老家过节,恰逢收花生。下午,我领着儿子和父亲一起到地里拉花生。我们装第一车花生时,儿子忙前忙后地还帮着拾几堆花生;装后面几车时,儿子就瘫坐在地边,一个劲儿地直喊"真累人"。这可是他第一次干农活。拉完花生回家后,儿子有些后悔地说:"真没想到干活这么累人,要是早知道这样,我就不跟你们去拉花生了。"看样子,儿子这次真的感受到干农活的劳累了。

第二天上午,父母、妻子和我一起在场院上摘花生,儿子跟着在旁边玩。这时,邻居家的一个小女孩骑着一辆折叠式自行车到场院玩。儿子羡慕极了,借了人家的车子骑了好一阵子,并一个劲儿嚷着要我也给他买一辆。这可是他一年前的愿望。我漫不经心地应付着。父亲疼爱孙子,主动说要给他买一辆。于是,我顺水推舟,连忙说:"翔(孩子的乳名),别烦人了,你爷爷不是已经答应了要给你买一辆吗?""不用,爸爸还是你给我买吧,我爷爷干活挣钱太辛苦了!"儿子坚定地说。我们都愣了,一个刚上学的孩子竟然能说出这样的话来。"翔,你为什么说你爷爷挣钱辛苦呢?""爸爸,我们昨天下午在地里拉花生多么累人,爷爷真的太辛苦了!"儿子的话语和表情都流露出对爷爷、奶奶的体贴和爱戴。

从儿子的话中可以看出,他已经体验到农活的累,体会到农民的辛苦,而且感触很深刻并受到了强有力的教育。

这件事深深地触动了我。自此以后,不论是教育孩子还是教育学生,我大都采取体验的教育方式。例如,对学生进行节俭教育,我引导他们通过真实而深刻的体验真正认识到节俭的重要性,从而逐渐增强节约意识,形成良好的节约习惯,取得了较好的教育效果。

于是,我便开始有计划地研究体验在道德教育中的重要作用,并逐渐认识到受教育者深刻的体验在道德教育中具有不可替代的重要意义,是受教育者良好道德品质形成和发展的基础,一句话,那就是:体验,是道德教育的生命线。

二、体验在教育中的作用越来越被人们认可和重视

中国自古以来就非常重视体验在教育中的作用。春秋末期,教育家、思想家孔子在教育教学方面提出了"予欲无言"的教育方法和"性相近,习相远"的教育观点。战国时期,孟子在《滕文公下 三·十一》中曰:"一齐人傅之,众楚人咻之,虽日挞而求其齐也,不可得矣;引而置之庄岳之间数年,虽日挞而求其楚,亦不可得矣。"他以学习语言做比喻,用"近朱者赤、近墨者黑"的道理说明环境对人的影响。南朝学者颜之推进一步指出了环境在培养、教育青少年方面的重要意义,强调"人生少年,精神未定,所与款狎,熏渍陶染,言笑举动,无心于学,潜易暗化,自然拟之",即古人所说的"陶情冶行"。南北朝时期的刘勰在《文心雕龙·神思》中说"登山则情满于山,观海则意溢于海",指的是人在不同的特殊情景中会产生不同的情感体验;在《文心雕龙·物色》中他又作了"情以物迁,辞以情发"的阐述。清朝国学大师王国维提出的"境界"本质上即以"景"和"情"二元素构成,"境非独谓景物也。喜怒哀乐,亦人心中之一境界。故能写真景物,真感情者,谓之有境界。否则谓之无境界",指的也是情境对人所产生的作用。

近、现代以来,著名教育家蔡元培先生把"美育"作为教育的重要组成部分,指出要从家庭、学校、社会三个方面创造优美、和谐的育人环境,使学生在"美"的陶养和对"美"的切身体验中得到"美"的教育,提高审美意识,培养美的情操。教育家陶行知提出了"生活即教育"和"教、学、做合一"的教育理念,指出社会生活实践是知识的源泉,强调做是学与教的基础,要"在做中学、在做中教"。陈鹤琴提出了"活教育"的理论,"不但在做中学,还要在做中教;不但在做中教,还要在做中争取进步",他以大自然和大社会为书本,让学生直接到大自然里、到社会生活中去学习。

陶行知的生活教育理论和陈鹤琴的"活教育"思想,充分说明了他们对体验在生活教育中重要作用的认识。

在当代,全国著名特级教师李吉林创立的"情境教学法"和"情境教育法",进一步凸显了良好的情境体验在教育教学中对受教育者产生的积极而深刻的影响。在心理学领域,孟昭兰教授在其著作《情绪心理学》中提出的"情绪的主观体验",说明情绪的主观体验是人的一种自我觉察,即大脑的一种感受状态;体验在情绪系统中起核心作用,体验是情绪的心理实体。卢家楣教授在其《情感教学心理学》中提出了情感的主观体验观点,认为情感、情操是在情绪积累的基础上发展起来的,情绪体验在情感、情操最初萌芽阶段起着某种"触发"的作用。另外,梅仲孙教授的爱国主义情感教育研究与实践,以及一些中小学的愉快教育、赏识教育、开设活动类课程等改革与实践,也从不同的角度体现出体验在教育中的价值。

与此同时,在我国德育领域对体验活动也有一定的研究、拓展和应用,并收到了积极的效果。

鲁洁、王逢贤教授在《新时期德育基本理论》及《德育新论》中指出:"一个完整的德育过程应该是体验者的认知活动、体验活动与践行活动的结合。"他们明确指出,"人对道

德价值的学习以情感—体验型为重要的学习方式"。朱小蔓教授在《情感教育论纲》一书中突出强调了情感—体验的重要性,指出"体验是人的生存方式,也是人追求生命的方式","教育的过程应该是逻辑—认知与情感—体验共同构成的完整的教育过程","情感教育是情绪唤醒、主体感受与体验的过程"。孙俊三教授认为,"人的体验在人的生命存在、人的自我生命的升华、人的精神的解放中具有十分重要的意义"。张天宝教授提出,"教育的过程是一种唤醒,是一种体验,是一种视界融合,是一种对话,也是一种学生自我理解的过程"。山东省教育厅巡视员张志勇在其《情感教育论》一书中,强调情感体验是教育发生的重要机制。班华教授指出,品德是由"认知能力、情感能力、践行能力"构成的,而情感能力就包含着情感体验;在活动—体验模式中更强调体验者亲身参与并获得切身体验的一类实践行为。刘惊铎教授在《道德体验论》一书中提出了"体验是道德教育的本体"的主张,他从理论上把体验分为"亲验活动"和"想验活动",并将体验教育深入地运用到我国大、中、小学校的德育改革和教育教学实践中。潍坊市山村教师李守祥在"数学生活化教学探究"和"思品原生态教学实践与研究"两个课题研究的基础上,将体验教育逐步延伸和拓展到语文、英语、社会实践等其他学科教学,并结合农村丰富的教育资源探索出一条富有农村特色的体验教育的新路子。

2000 年 6 月召开的中国少年先锋队第四次全国代表大会指出,要"着重组织少年儿童在实践中体验,在一次次实践中不断体会、不断感悟、不断积累,把全面发展的要求内化为自身的素质",首次在少先队工作中提出了体验教育的思想。2000 年 10 月共青团中央和全国少工委下发的《关于动员和组织少先队员在实践中体验的实施意见》,又对体验在道德教育中的作用做了进一步的阐述,指出"要把完成体验获得的真实感受作为教育活动所必须达到的具体目标","思想品德的形成和创新精神与能力的培养,需要在获得真实感受的基础上完成"。

《中国学生发展核心素养》研究成果于 2016 年 9 月在京发布。该成果是教育部委托北京师范大学的专家联合国内其他高校近百位专家成立课题组历时 3 年完成的。其中,对"社会参与——实践创新"这一部分中的"劳动意识"的描述为"重点是:尊重劳动,具有积极的劳动态度和良好的劳动习惯;具有动手操作能力,掌握一定的劳动技能;在主动参加的家务劳动、生产劳动、公益活动和社会实践中,具有改进和创新劳动方式、提高劳动效率的意识;具有通过诚实合法劳动创造成功生活的意识和行动等"。

将"劳动意识"放在"社会参与——实践创新"部分,意味着劳动意识的培养需要建立在学生社会参与、实践创新的基础上,建立在学生通过身体力行的劳动实践获得切身的体验、增强对劳动的情感、提高对劳动的认识的基础上,这充分凸显了"体验"在培养学生的劳动意识中的重要作用。

三、本书的写作目的

《体验——道德教育的生命线》一书,是我在道德教育实践的基础上,经过多年的探索和研究撰写而成的。本书对体验的含义、分类与特点,国内教育领域关于体验作用的探索,体验在道德教育中的作用,当前学生道德教育中体验的缺失,体验式道德教育的实施等都作了一定的阐述;另外,还包含有笔者对《论语》中部分与体验有关的论述的一些感悟。撰写本书的主要目的,是想通过阐述体验在道德教育中的重要性以及如何实施体验式道德教育,使读者充分认识到体验在学生的道德教育中所具有的不可替代的重要作用,启迪和引导学校的广大德育工作者,以体验为中心,以丰富多彩的实践活动为载体,对学生进行形式多样的道德教育,切实增强道德教育的针对性、主动性和实效性,促进学生良好道德品质的形成。愿本书能够起到抛砖引玉的作用,期待更多的教育工作者关注学生的道德教育,积极探讨青少年体验式道德教育的新模式、新方法、新思路,使体验式道德教育理论更加丰富、理念更加先进、方法更加科学、形式更加鲜活,使体验式道德教育具有更加切实可行的操作性,以促进学校的道德教育工作扎实有效地开展,并取得实质性突破和良好的效果。

四、本书的结构和主要内容

《体验——道德教育的生命线》一书共分五章。

第一章,阐述了体验的含义、分类与特点及国内教育领域关于体验作用的探索。首先解释了体验的含义。其次,根据获得体验的不同方式,将体验分为自主性体验和接受性体验两大类型;将自主性体验又分为操作式体验、角色体验、参观式体验、调查研究式体验,将接受性体验又分为情境体验、情感交流式体验、叙事式体验、愉悦体验、挫折体验、爱与尊重的体验,再次分析了体验的特点。最后,阐述了教育领域关于体验的探索。

第二章,阐述了体验在道德教育中的重要作用。首先,阐述了体验在道德教育"知""情""意""行"四个环节中的作用,在提升学生的道德觉悟、促进他们价值观和人生观形成方面的作用,又从"具身认知"的角度强调了体验的重要意义。其次,透过六个具体的案例凸显了学生通过自身的实践活动获得的真实体验在道德教育中的重要性。最后,归纳、总结、提炼出"体验是道德教育的生命线"这一主题。

第三章,从家庭、学校、社会三个方面指出了当前学生道德教育中体验的缺失。在家庭中,由于父母过多地庇护和过分地溺爱,无意中剥夺了孩子体验的权利,致使孩子失去了本该在从事力所能及的家务劳动中得到的应有体验,失去了感悟生活、体验人生的机会,享受不到体验给自己带来的道德教育价值,因此缺乏应有的道德品质。在学校里,以课堂授课式为主要方式的道德教育,过多地注重知识的讲授而忽视了学生的生活实践,导致学生缺少真实的感受、深刻的体验和强烈的道德情感,使道德教育不能真正入耳、入脑、入心,因此难以取得良好的教育效果。在社会上,学生缺少参与社会活动的机会,缺少对社会的深层次认识和对不同社会角色的体验,缺少对社会体验场所的参观、访问和实践,因而影响和制约了他们相关的道德品质的形成和发展。

第四章,是本书的主体。本章共十节,主要结合笔者在教育教学过程中生成的一些案例和一些国内外学校实施道德教育的具体事例,从操作式体验、角色体验、参观式体验、调查研究式体验、情境体验、情感交流式体验、叙事式体验、愉悦体验、挫折体验、爱与尊重的体验等十个方面,详细阐述了实施各种体验方式的道德教育的相关要求、具体做法以及取得的显著效果,期望在学生的道德教育方面对教育同行能起到一定的启示作用。

第五章,主要是笔者对《论语》中部分与体验有关的论述的一些粗浅认识、体会和感悟。

五、本书的主要特点

"事实胜于雄辩。"本书在论述"体验是道德教育的生命线"和阐述"如何实施体验式道德教育"的过程中,列举了我本人日常教育教学过程中的一些教育案例,精选了许多国内外学校具体的、朴实的教育事例,具有很强的说服力。

六、对本书书名的说明

目前,德育从外延方面划分,大致可以分为思想教育、政治教育、法制教育和道德教育等。本书虽然也涉及一些法制教育、政治教育和思想教育的内容,而且体验对它们与对道德教育一样也具有十分重要的意义,但由于本书以讨论道德教育为主,因此,将书名定为"体验——道德教育的生命线"。

目 录

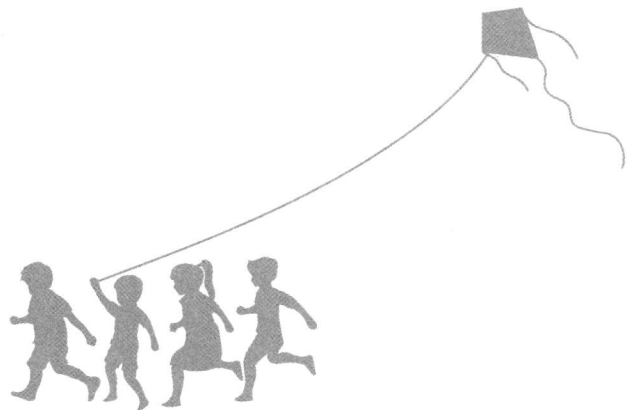

第一章

体验概述

这一章,首先解释了体验的含义及教育专家们对体验的论述。其次,根据体验获得的方式不同,将体验分为自主性体验和接受性体验;然后又将自主性体验分为操作式体验、角色体验、参观式体验和调查研究式体验,将接受性体验分为情境体验、情感交流式体验、叙事式体验、愉悦体验、挫折体验和爱与尊重的体验,并分别解释了每一种体验的含义。再次,分析了体验的直接性、优先性和深刻性三个特点。最后,阐述了国内教育领域对体验作用的探索及产生的深远影响。

第一节 体验的含义、分类与特点

一、体验的含义

"百度词典"对体验有如下解释。

基本解释：

在实践中认识事物；亲身经历体验生活；

体察；考察。

详细解释：

（1）体验是谓亲身经历；实地领会。

《朱子语类》卷一一九："讲论自是讲论，须是将来自体验。说一段过又一段，何补！……体验是自心里暗自讲量一次。"

（2）体验是指通过亲身实践所获得的经验。

鲁迅《花边文学·看书琐记》："文学虽然有普遍性，但因读者的体验的不同而有变化，读者倘没有类似的体验，它也就失去了效力。"

（3）体验是查核；考察。

苏轼《奏论八丈沟不可开状》："臣体验得每年颍河涨溢水痕，直至州城门脚下，公私危惧。"

《现代汉语辞海》对"体验"一词有如下解释：

"亲身经历以认识周围的事物"。

"百度百科"对体验则做了如下说明：

体验到的东西使得们感到真实，现实，并在大脑记忆中留下深刻印象，使我们可以随时回想起曾经亲身感受过的生命历程，也因此对未来有所预感。

在我国教育界，专家们对体验的含义有着不同的认识。

朱小蔓教授认为，"体验作为情感教育理论中的一个重要范畴，既有认识论的意义，即通过体验的方式达到认知理解，又有本体论和价值论的意义，即体验是人的生存方式，也是人追求生命意义的方式"。

裴娣娜教授认为，体验是"一个人对愿望、要求的（情感）感受"。

张华教授认为，体验是意义的建构和价值的生成。

沈建教授认为，体验是主体内在的历时性的知情意行的亲历、体认与验证。

李英教授认为，体验既是一种活动，也是活动的结果。作为一种活动，即主体亲历某件事并获得相应的认知和情感；作为活动的结果，即主体从其亲历中获得的认知和情感。

刘惊铎教授则把体验定义为一种图景思维活动，其中"图景"是一种跨越时空的有机的整体性存在,它同时包含着个体人过去的生活阅历、当下生活场景之生命感动和未来人生希冀的蓝图,其显著特征是整体性、现场性和超越性。体验是情感和理性交融的结晶性产物。

二、体验的分类

人们生活在丰富多彩的大千世界中,以不同的方式经历、感受和体验着各种事物,丰富生活阅历,提高道德认识,升华道德情感,形成道德行为,创造自己向往的美好人生。

体验的方式各种各样。根据获得体验的方式不同,我们可以将体验分为自主性体验和接受性体验两大类。

1. 自主性体验

自主性体验是指受教育者通过亲力亲为的实践活动,主动获得的体验。常见的自主性体验主要包括操作式体验,角色体验,参观式体验,调查研究式体验等。

(1)操作式体验。

操作式体验是指受教育者身体力行地参与一定的实践活动获得真实的感受和体验。积极的操作式体验能提高受教育者的道德认识,增强受教育者的道德情感,促使受教育者形成良好的道德行为。例如,学生通过参加田间劳动,在亲自动手给庄稼锄草、施肥的过程中体验劳动的艰辛,增强对劳动、对劳动人民的情感,树立尊重劳动、尊重劳动人民的意识,养成爱惜粮食、勤俭节约的良好行为习惯;学生通过亲自干一天家务活,在动手洗衣、做饭、洗碗和打扫房间中深刻体验父母操持家务的辛苦,加深对父母的理解和爱,增强关爱父母、孝敬父母、感恩父母的意识,并通过具体的实际行动去爱父母、孝敬父母,这其中的体验都是操作式体验。

(2)角色体验。

角色体验是指受教育者在生活、游戏及模拟情境中承担或扮演一定的角色,从自己所承担或扮演的角色中去感悟自己在其中应尽的责任和义务,同时反思自己以往的道德认识和道德境界,感悟该角色所达到的道德境界,在这种强烈的对比和深刻的反思中产生的体验,获得认识。例如,让青少年担任一天社区清洁员或当一天交警,就是一种角色体验。通过一天的清扫劳动,学生不仅能体验到清洁员工作的艰辛,还能形成"尊重他人劳动""保护环境卫生人人有责"的道德意识;通过指挥交通、疏导车辆、劝导行人等工作,学生不仅能体验到交警工作的辛苦,而且能深刻地认识到"自觉遵守交通规则是每个人应尽的职责"的道理,增强交通规则意识和交通安全意识,并养成自觉遵守交通秩序的良好行为习惯。

(3)参观式体验。

参观式体验是指受教育者通过参观科技馆、博物馆等场所或游览名胜古迹、秀丽河山产生一定的感悟和体验。参观式体验能激发受教育者的兴趣,促使他们树立远大的理想,努力进取,奋发图强;或引发强烈的自豪感,增强他们的爱国情感。例如,组织学生参观科技博物馆,能使学生体验到科学的神奇和力量,认识到科学在人们生活和社会发展中的作用,激发学生对科学产生浓厚的兴趣,培养他们热爱科学的情感,并使他们积极投身于学习科学、研究科学的活动中；组织学生游览八达岭长城、杭州西湖、桂林山水等名胜古迹，能使学生体验到祖国古代建筑的雄伟壮观、大好河山的壮美秀丽，产生强烈的民族自豪感，增强对家乡、对祖国深深的爱。

（4）调查研究式体验。

调查研究式体验是指受教育者通过对有关事物深入、细致的调查和全面、具体的分析，认识到其内在的本质，从而触动心灵获得深刻的体验。调查研究式体验能促使受教育者提高道德认识，增强道德情感，形成良好的道德行为。例如，通过对纸张制作来历的调查研究，可以使学生发现制作纸张需要砍伐大量的树木，对国家绿化和环境保护造成严重威胁，心灵会受到深深的震撼，认识到纸张的可贵性，从而改变浪费纸张的不良行为，养成节约用纸的良好习惯。

2. 接受性体验

接受性体验是指受教育者在教育者创设的场景、条件之中或采取的暗示、诱导和激励的措施等外界力量的作用之下产生一定的体验。常见的接受性体验主要有情境体验、情感交流式体验、叙事式体验、愉悦体验、挫折体验、爱与尊重的体验等。

（1）情境体验。

情境体验是指在教育者按照预定的教育目标科学有效地创设的一种能够使受教育者有亲临其境感觉的情境或氛围中，受教育者受这种情境（或氛围）的感染和熏陶产生深刻的体验。情境体验能促进受教育者增强道德情感，提高道德认识，教育和完善自我。例如，对学生进行励志教育，通过几个生动感人的励志故事营造出一种直面挫折、不畏艰难、刻苦奋斗的感人情境，使学生获得深刻的体验、感动和鼓舞，从而激发起刻苦读书、奋发图强、立志成才的情感。另外，"名山大川小桥流水悦人目""诗文书画怡人情"等都属于情境体验教育。

（2）情感交流式体验。

情感交流式体验是指教育者通过一定的方式向受教育者进行富有感染力的情感交流，使受教育者从交流的内容中获得一定的感悟和体验。情感交流式体验能够使受教育者加深理解，升华情感，悟出真知。例如，父母通过与孩子推心置腹地交流学习、生活的情况，能使孩子体验到父母的不容易，加深对父母的了解，增强对父母的爱和体贴，懂得孝敬父母是每个人应尽的义务，并身体力行地去关心父母、孝敬父母。

（3）叙事式体验。

叙事式体验是指教育者诚恳地敞开自己的心扉，向受教育者讲述自己或他人的生活阅历、心理感受、人生追求及感人的故事，寓思想教育和道德教育于生活事件的具体情节之中，从而唤起受教育者对生活态度、理想信念、价值观、人生观及做人、处事等方面的认知，产生的强烈的道德体验。叙事式体验能够提高受教育者的道德认识，增强其道德情感，从而使受教育者在不知不觉中受到深刻的思想教育和道德教育。例如，向孩子讲述张海迪虽然高位截瘫但仍克服困难、刻苦学习的事迹，可以使孩子深刻地体验到张海迪身残志坚、不畏挫折、顽强拼搏的精神，对张海迪产生敬佩、崇拜的情感，并受到深刻的挫折教育和励志教育。

（4）愉悦体验。

愉悦体验是指受教育者经过自己的努力取得一定的成绩后,在得到他人的夸奖或表扬时产生一种兴奋、愉悦的心理体验。它是从成功和有成就的实践导致的心理上的自信和满足中得到的体验。愉悦体验能为受教育者提供强大的精神动力,推动体验者继续不断地努力,从而期望取得进一步的成功和更大的成就。例如,学习成绩较差的学生成绩提高了并得到老师的表扬后,他会更加努力地学习,以争取更大的进步、取得更好的成绩;学生助人为乐的行为得到老师的肯定和表扬后,他会更加努力,去关爱、帮助更多的人。

（5）挫折体验。

挫折体验是指受教育者在从事学习或参与比赛等某种有目的的活动的过程中,因受到某种无法克服的阻碍而致使目标无法实现或需要不能满足时产生一种紧张状态和消极情绪反映的心理体验。例如,学生在高考落榜后产生的消极、痛苦的心理感受以及运动员在比赛场上因意外受伤导致比赛失败时焦躁、消极的心理反应都是挫折体验的结果。

（6）爱与尊重的体验。

爱与尊重的体验是指受教育者在得到他人的爱和尊重后产生一种自我满足和欣慰的心理体验。人只有通过得到他人的爱和尊重后,才能真正地体验到什么是爱、什么是尊重,才能更好地做到自尊、自爱,也才能更好地爱他人、尊重他人。例如,学生在课堂上得到老师的认可、爱和尊重后,表现出自我满足和异常兴奋的心理状态就是爱与尊重的体验的结果。

三、体验的特点

1. 直接性

体验是生命个体与生活世界相接触时最直接的生成物。

体验是人在活动中的一种最在先的意识感受,是人的意识的喷薄涌现。体验能即时表达,即它不需要任何推理、论证等思维的介入,也不需要经过系统的逻辑理性的规整。例如,我们看到大海时,"一望无际、水天相接"是我们对大海最初始、最直观的印象;听了"二十四孝"的故事后,我们最直接的感受是要"孝敬父母";别人打了你一耳光,"疼"就是你最直接的反应,这些都体现了体验的直接性的特点。

体验的直接性决定和影响着教育本质。教育现象学认为,教育本质可以通过直观的方法得到,简单地说,就是从教育体验中直接获得教育本质。这种本质不是传统意义上通过归纳、抽象形成的,而是从教育体验中直观得到的,中间不需要任何中介,从而在根本上保证了教育认识的真实性和可靠性。

体验的直接性对学生的道德教育具有积极的诱导和促进作用。例如,学生在身体力行的劳动实践中能直观地体验到劳动的艰辛,有了这种体验后学生对劳动便有了更深刻的认识,也产生了一定的情感;有了这样的基础,教师可以水到渠成地引导学生增强"尊重劳动、尊重劳动成果、尊重劳动人民"的意识,并督促他们付诸日常的实际行动中。

2. 优先性

如前所述，正是我们产生了"一望无际、水天相接"的体验后，才可能对"大海"这一概念有一定的认识。也就是说，体验发生在前，概念产生在后。在认识活动中，从体验获得的"知"比理论的"知"更先前。一般来说，即使我们有理论的"知"，如果没有体验的"知"，也难以形成"真知"。比如说，一个从小失去光明的盲童，他知道太阳公公几乎每天都会放射出万道光芒，而且他也知道在太阳光的作用下会产生美丽的朝霞、迷人的晚霞和绚丽的彩虹，但是，他不能够理解在太阳光的作用下，朝霞、晚霞和雨后的彩虹分别是怎么形成的以及它们是怎样变化的。这就是说，盲童虽然知道朝霞、晚霞和彩虹的存在，但他没有从自己的体验中获得的"知"，即他从来没产生过关于阳光通过厚厚的大气层被大量的空气分子散射而形成朝霞和晚霞的体验，因此，他终究不能理解朝霞、晚霞和彩虹产生的缘由及变化的无常。

在教育领域，体验的优先性体现得更为鲜明。莎莉文老师教海伦·凯勒识字的经历就是对体验优先性很好的诠释。在学习"水"这个词时，莎莉文老师为了让海伦分清"水"与"杯"的区别，已经为她在掌心拼写了多遍，但海伦仍无法理解，而且还显得特别烦躁，甚至与老师发生了争执。随后，莎莉文老师带海伦到了户外的一口井边。她把海伦的一只手放在喷水口下，让一股清凉的水从她手心流过，然后在她的另一只手上拼写"WATER"——"水"字；起初写得很慢，第二遍就写得快些。"我（海伦）静静地站着，注意她手指的动作。突然间，我恍然大悟，有股神奇的感觉在我脑中激荡，我一下子理解了语言文字的奥秘了，知道了'水'这个字就是正在我手上流过的这种东西。"

正是体验使海伦提前获得了"清凉而奇妙的"感觉，即从体验中获得了"知"，因此才使她对"水"这个字有了一定的认识。

3. 深刻性

在这里，深刻性主要是指体验发生后会对行为主体产生深刻的感受，留下深刻的印记。

对学生而言，有时候教师的讲解显得苍白无力，而通过亲身的体验，对问题的理解往往能更清楚、更透彻。

记得笔者刚当教师时，在一所小学任教二年级，其中在一篇课文里学到"湿漉漉"这个词语。当时任凭笔者怎么讲，有个学生就是理解不了"湿漉漉"的意思。那时正是多雨的夏季。说起来也巧，第三天中午上学的时候，天突然下起了雨，结果这个学生在路上被淋得浑身上下全湿透了，像个落汤鸡似的。看着他这样子，笔者突然想起前天讲的"湿漉漉"，于是对他说："你现在这个样子，就是'湿漉漉'的样子。"他听了后，想了片刻，突然兴奋地喊道："啊，我知道'湿漉漉'的意思了！"看他那兴奋的样子，就知道他真的理解了。现在想想，如果没有那场"及时雨"，没有被雨水淋湿的那个样子，他对"湿漉漉"很难理解得那么透彻、那么深刻。

总之，体验的直接性、优先性、深刻性的特点，决定了体验不仅在教育的认知领域，而且在学生的道德教育中也将发挥积极的作用。

第二节　国内教育领域关于体验作用的研究

在我国，自孔孟时期起到现在，在教育领域对体验的作用进行了不断研究与探索，取得了较为显著的成果，形成了一些比较成熟的理论观点和实践经验，产生了积极而又深远的影响。本节对此做部分介绍。

一、蔡元培的"在美育的浸润下陶养性灵，培养高尚的品德，完善健全的人格"

1. 何为美育

蔡元培认为："美育者，应用美学之理论于教育，以陶养感情为目的者也。"蔡元培所说的"陶养感情"，就是陶冶情操和涵养感性。

"人人都有感情，而并非都有伟大而高尚的行为，这由于感情推动力的薄弱。要转弱而为强，转薄而为厚，有待于陶养。陶养的工具，为美的对象；陶养的作用，叫作美育。"

美育的"陶养的工具"，即美的对象是丰富的、多样的。从人生的生活环境来说，有艺术美、形式美、自然美、社会美、人文景观美、文化名胜美，城市有容纳美的各种机构、设施，乡村有田园风光之美；从教育上说，不仅有专门的美育课本和课程，其他学科如物理、化学、地理、历史、植物学、矿物学、数学等等，都含有美的因素，都可以成为美的"陶养的工具"。

蔡元培认为，人在美育的陶养下，能培养高尚的品德，完善健全的人格。例如，"纯粹之美育，所以陶养吾人之感情，使有高尚纯洁之习惯，而使人我之见、利己损人之思念，已渐消沮者也"。又如，"而附丽于崇闳之悲剧，附丽于都丽之滑稽，皆足以破人我之见，去利害得失之计较，则其所以陶养性灵，使之日进于高尚者，固已足矣"。再如，"所以当着重要关头，有'富贵不能淫，贫贱不能移，威武不能屈'的气概；甚至有'杀身以成仁'而不'求生以害仁'的勇敢；这种是完全不由于知识的计较，而由于感情的陶养，就是不源于智育，而源于美育"。

蔡元培的美育从人的生活着眼，回归生活，融入生活，"而所谓美育，则不仅包括音乐、文学等，而且是自然现象、名人言行、都市建设、社会文化，凡合于美学的条件而足以感人的，都包括在内，所以不能改为美术"。

实施美育的目的，在于实现美育与生活世界的沟通与交流，使人在生活中处处能得到美的熏陶，时时能体验到美，获得一种美的感受，体验一种美的情怀，进入一种美的境界。总之，美育在于孕育一种美的精神。

"所以吾人急应提倡美育，使人生美化，使人的性灵寄托于美，而将忧患忘却。于学校中可实现者，如音乐、图画、旅行、游戏、演剧等，均可去作，以之代替不好的消遣。但切不要拘泥，只随人意兴所到适情便可……大家看看文学书，唱唱诗歌，也可以悦性怡情……人是感情的动物，感情要好好涵养之，使活泼而得生趣。"

关于营造"美育"环境的途径和方法，蔡元培指出，"照现在教育状况可分为三个范围，一家庭美育，二学校美育，三社会美育。我们所说的美育当然也有这三方面。"

2. 家庭美育

蔡元培主张从胎教开始美育，美育要"从公立的胎教院与育婴院着手"。他要求，这"两院"应设在风景佳胜、空气新鲜、生活安宁的地方；建筑的形式应匀称、玲珑，要避开"埃及的高压式、峨特的偏激派"；四面有庭围，有广场可以散步，可以轻便地运动；能赏月观星，园中的花草树木要悦目，要有泉水和鱼儿；室内的装饰要和谐美观，音乐要选简单精细的，人的言语和动作都要有适当的音调态度（音调态度意思是说话的语气、做事的态度）。总之，要使孩子从小就得到美的熏陶和浸润。

3. 学校美育

在学校美育中，蔡元培很重视各学科中美的陶冶作用。学校所有的课程都要挖掘其中美的素材，陶冶、浸润学生的心灵。"数学的游戏，可以引起滑稽的美感。雄壮的美，全是力的表现。植物的花叶，动物的毛羽与声音在美术、文学上都为美观的材料。地理学上云霞风雪的变态、山岳河海的名胜、文学家美学家的遗迹，历史上文学美术的进化、文学家美术家的轶事，也都是美育的资料。"同时，他还要求根据学生对美的爱好，让他们自主选择："爱音乐的进音乐学校，爱建筑、雕刻、图画的进美术学校，爱演剧的进戏剧学校，爱文学的进大学文科，爱别种科学的人就进了别的专科了。"

4. 社会美育

社会的美育要从专设的机关和地方的美化做起。蔡元培要求学校周围的环境要能"引起学者清醇之兴趣、高上之精神"。而且，他充分地认识到社会环境美化的重要性。"要之，美育之道，不达到市乡悉为美化，则虽学校、家庭尽力推行，而其所受环境之恶影响，终为阻力，故不可不以美化市乡为最重要之工作也。"他同时鼓励学生到大自然中去体验美，研究美，进行美的创作。"而自然之美，尤供利用。"

蔡元培的"美育陶养"至今在学校的美术、音乐、语文等学科教学和艺术教育、道德教育中被广泛地传承和应用。

二、陶行知的"实践是知识的源泉"

1927年，陶行知提出了"教、学、做合一"的教育理念。他指出，生活教育的中心是实际生活，也就是实际的"事"。他以种田为例，认为种田这件事，要在田里做的，便须在田里学、在田里教，并深刻地指出教的方法要根据学的方法，学的方法要根据做的方法，教与学都以"做"为中心和中介。这里的"做"，就是实践，是指"在劳力上劳心"的实践。由此可以看出，陶行知先生特别强调在亲力亲为的实践活动的体验中获得知识、增长见识。

例如，为了上好生物课，陶行知先生亲自从南京夫子庙请来两位教师教学生捉蛇；在山上捉蛇，课堂就设在山里。就这样，几天后，班里最小的女孩也敢捉蛇了。她们说："只要击中要害，蛇并没有什么可怕呀！"大家还懂得了蛇没有脚为什么跑得快，蛇没有耳朵怎么听得见声音，以及蛇为什么是老鼠的克星等知识。在捉蛇的过程中，学生有了亲身经历和深刻的体验，很自然地学到了很多相关的生物知识。

陶行知的"生活即教育"和"在做中学"的教育理念是体验式教育的启蒙，对今天的教育教学仍具有很好的指导意义。

三、陈鹤琴的"活教育"理论

与陶行知同一时期的著名教育家陈鹤琴先生提出了"活教育"理论。

关于"活教育"的原则,陈鹤琴认为,"不但在做中学,还要在做中教;不但在做中教,还要在做中争取进步"。

关于活教育的内容,他说,"大自然,大社会都是活教材","活教育的课程是把大自然+大社会做出发点,让学生直接对它们去学习"。他认为"大自然+大社会"才是学生直接学习的、活的书,因此他让学生直接到大自然、大社会中学习。

关于"活教育"的课程,他提出了"五指活动",主要包括儿童健康活动、儿童社会活动、儿童自然活动、儿童艺术活动和儿童文学活动。

关于"活教育"的方法,陈鹤琴说,"活教育教学的方法也有一个基本的原则。什么原则呢?就是:'做中教,做中学,做中求进步'"。

总之,陈鹤琴的"活教育"重视学生的"做",即实践活动;倡导学生到大自然和大社会中学习,即重视学生的生活体验。"活教育"把实践活动和现实生活作为学生学习的主要载体,把在活动中和生活中获得的体验作为学生学习和进步的基础。

陈鹤琴先生"活教育"的教育思想是体验式教育在中国本土化的结果,它为我国体验教育的发展奠定了一定的基础。

四、李吉林的"情境教学"和"情境教育"

情境教学是李吉林老师在语文教学中,经过多年孜孜不倦的研究和实践,以语言文字为载体,有目的地通过生活展现、图画再现、实物演示、音乐渲染、表演体验、语言描述和想象拓展等形式,引入或创设与文本相吻合的生动形象、情感丰富、美悦和谐的场景或氛围,使学生在美的熏陶下获得强烈的情感体验,产生积极的情绪,调动起自身参与的积极性,从而帮助学生理解文本、掌握知识、培养能力、发展心智、增强民族文化精神和民族审美情感,即把情感活动与认知活动结合起来的教学方法。

例如,李吉林老师在讲授《荷花》一课时,就是通过音乐背景、角色扮演和图画展现的结合来创设教学情境的。

课文中有"我看着看着,自己也变成了一朵荷花"的描写,为了让学生获得真切的感受,李老师先提出了"课文中的小朋友是怎样看荷花的"这一问题,然后让学生扮演课文中的"我"这一角色,看荷花时充分表现出爱荷花的神情。在小学生真切地体会到文中的小朋友深情地看荷花的基础上,李老师播放了充满幻想和儿童情趣且和课文要表现的情趣十分吻合的《屋子里长出了竹笋》曲子中的一段,并让学生认真地观看画面。学生随着欢快的乐曲,深情地凝望着画面,而李老师这时又用诗一般的语言提示道:"荷花翩翩起舞了……"富有童趣的乐曲、形象逼真的荷花图,再加上李老师诗一般的语言,一下子把学生带进了诗一般的意境中去。学生尽情地享受着、体验着、想象着,完全进入了角色。有的觉得荷花变活了;有的觉得荷花长高了;有的觉得自己也变成了一朵荷花,心里美滋滋的……

情境教育:情境教育是李吉林老师创建的以儿童的个性全面发展为目标,以暗示诱导、情感驱动、角色转换和心理场整合为原理,以审美教育为突破口,以情感为纽带,通过拓展教育空间、缩短心理距离、利用角色效应、注重创新实践等途径,不断优化育人的大情境,使学生的学习情境、学校情境、家庭情境和社会情境和谐协调,使学生在美悦和谐的情境的浸润、感悟和体验中,激活思维,点燃激情,促进知识、能力、审美素养、思想道德、心智、情感、态度、价值观和身心健康等全面发展、提高的教育模式。

情境教育是情境教学的拓展、延伸和深化,它由单一的语文教学拓展到品德、数学、音乐、体育、美术等学科教学,从课堂教学走向校园活动,由校内延伸到校外。它营造的是优美和谐的大教育情境。

例如,在教五年级数学多位数的读法时,李吉林老师考虑到百万、千万、亿这样的数对孩子们来说挺遥远的,读起来不容易,写起来也易错,而且单纯的数字孩子们学起来挺乏味。当时正值国庆节来临,报纸上有许多关于我国经济发展情况的报道。于是,她和数学老师商量,让孩子们课前去搜集相关的数据,让他们比较具体地了解伟大祖国经济蓬勃发展的喜人形势,使数学和祖国的经济发展有机地结合起来。

课堂上,孩子们将收集到的数据在小组内交流,然后汇集到全班,在课堂上创设了"祖国经济大发展展览会"的情境。办展览会就要根据数据集体制作图表,就要引导孩子们去写多位数,而且要求准确、清楚、端正。孩子们兴致勃勃地在下面练着,认真地写着一个个多位数;然后有的画表格,有的写数字,"展览会"办起来了。对多位数的写法,孩子们在热烈的情绪中反复地琢磨着、练习着。接着,李老师又找孩子当讲解员,孩子们纷纷进入讲解工作中。在这个角色扮演中,孩子们领悟到读多位数要眼快、嘴快,都积极主动地练习报多位数的本领。在听读的同时,孩子们都为祖国经济发展的惊人速度欢欣鼓舞。这样,将数学学习和儿童生活、社会经济的发展联系起来,让学生既看到了祖国取得的辉煌成就,产生了强烈的自豪感和爱国情感,又掌握了多位数的读法、写法,并将所学的知识及时地运用到生活中,做到了学以致用。

这就是情境教育的魅力!

又如,在我国举办亚运会期间,李吉林老师利用亚运会吉祥物熊猫"盼盼",举行了"盼盼,盼我快长大"的主题中队会,让孩子们自己扮"盼盼"。"盼盼"稍经化妆出场了,亚运会的吉祥物仿佛真的来到孩子们中间。孩子们跳啊、蹦啊、拍手啊……这样一种热烈欢迎的场景,实际上成了孩子们身心主动投入的教育情境。"盼盼"以亚运会中国运动健儿的感人故事向小朋友们提出了"将来为国争光、现在快快长大"的希望。实际上,这是把学校、教师对儿童的教育要求,通过角色扮演,通过与"盼盼"的情感交流由孩子们自己提出来了。这样,教育变成了孩子们的自我要求、自我践行的多彩多姿的活动。孩子们的情绪空前高涨,取得了意想不到的教育效果。

她的"情境教学"和"情境教育"以"情"为经,以"境"为纬,通过各种生动、具体的生活环境的创设,拉近了学科教学与学生现实生活的距离,为学生的主动参与、主动发展开辟了现实的途径。

上海教育出版社、江苏人民出版社、福建教育出版社、四川教育出版社先后出版了《情境教学详案精选》《情境教学实验与研究》等专著,山东教育出版社出版了《李吉林情境教学—情境教育》一书。后来李吉林又相继出版了《情境教学理论与实践》《小学语文情境教学》《李吉林情境教学——情境教育》等著作。她的小学语文情境教学实验,获中国教育学会、《教师报》颁发的全国中、小学教学改革"金钥匙"奖,被国家教委列为向全国推广的八个科研项目之一;《人民日报》《光明日报》《新华日报》《中国教育报》等各大报纸都报道了该项实验和科研成果。《教育研究》《人民教育》《课程·教材·教法》等杂志先后发表了她的《从情境教学到情境教育的探索与思考》《情境课程的开发》《一个值得倡导的教学原则:美感性》等论文,《从情境教学到情境教育的探索与思考》一文还在中国教育学会成立15周年优秀论文评比中获得一等奖,"情境教学法"被收入教育辞典成为公认的教学模式。情境教育迅速得到了教育界的广泛响应,北京、广州、杭州、长春、青岛等多个省、市都邀请李吉林去上课,大江南北留下了李吉林传播情境教学和情境教育主张的足迹⋯⋯全国开展李吉林教改实验试点的班级达1000多个,情境教育的种子已播遍华夏大地。中国教育电视台还曾通过卫星向东南亚华语地区播放了李吉林主讲的系列讲座《小学语文情境教学》二十一讲,反响十分强烈。"情境""情境教学""情境教育"成为中国儿童教育的一个时代话语。

五、刘惊铎的"体验是道德教育的基本存在方式"

刘惊铎教授认为,在一定的情境或实践活动中诱发和唤醒的道德体验,能够深深地触动行为者的心灵,使他们产生强烈的道德情感、提高道德认知水平。也就是说,体验者只有真正获得了切身体验的东西,才容易入其脑进其心,转化成自身的内在品质,成为其德性中的有机组成部分,从而有效地提升道德水平。道德教育是因体验价值的彰显而凸显其魅力、提高其实效的,而且体验本身就具有道德教育的价值。

现在的独生子女中存在着讲求享乐、缺乏刻苦学习精神、铺张浪费严重等现象,单靠给学生讲书本上的道德规范知识或组织模拟活动,是无法从根本上消除这些不良现象的,也很难体现出实际的道德教育效果。于是,刘惊铎教授有计划、有组织地带领陕西师范大学附属小学、西安桑锐学校、航空航天部第二研究院二一〇子弟学校等学校的一些生活条件较为优越的城市学生,到经济较为落后的陕西省蓝田县、宝鸡虢镇等地,与贫困农民的子弟一起开展"手拉手"活动。他们与当地的学生一起吃住,一起学习,一起活动,相互交往,交流学习、生活情况,亲身体验农民子弟的生活。返校后,刘惊铎教授又引导学生诉说自己的切身体验,写体会文章,并对照、反思自己的学习、生活方式。结果,这些学生心灵深受震撼,产生了强烈的道德情感,纷纷主动表示要下定决心刻苦学习,不再浪费饭菜,并自觉向贫苦地区的同学捐款、捐书、捐物。

学生能在短短几天的时间内发生如此大的变化,而教师并没有给他们讲许多道理,完全是他们在与贫困农民子弟一起学习、生活、交往和交流的过程中深刻体验的结果,是他们在体验中产生了同情贫穷农民子弟的情感,并不由自主地受到了勤俭节约教育和关爱弱势群体的教育。这就是体验彰显出来的教育魅力。

刘惊铎教授的"体验是道德教育的本体"的命题,彰显了体验具有明显的多方面的道德教育价值,为今天学校体验式道德教育的实施提供了一定的理论依据。

六、李守祥的"具有农村特色的体验教育"

潍坊市临朐县嵩山小学李守祥老师充分利用山区自然环境和人文历史优势,随时实地发现和挖掘教育资源,对学生进行不同形式的体验教育。

他充分利用农村的民间艺人,对学生进行传统的民间艺术体验教育。

有一次,李守祥在劳动中听人说自己的母亲虽然年近八十,但身体硬朗,尤其喜欢剪纸,整天剪刀不离手,便立刻登门拜访。他见到老人后没说几句话,便问她愿不愿意收几个小徒弟。看到他一脸诚恳的样子,老人欣然应允。第二天,李守祥就从班里挑选了几个有剪纸兴趣的学生,将他们带到了老人面前,算是正式"拜师学艺",让他们利用课余时间跟老奶奶学习这门手艺。学生在学习剪纸过程中,亲身体验到剪纸的乐趣,体验到民间艺术的精彩,得到了民间艺术美的熏陶,愉悦了身心,陶冶了情操,学习干劲儿更足了。就这样,没用多长时间,那几名学生就成了班里的"巧手明星",而且自愿当起了剪纸小老师。在他们的带动下,剪纸活动很快就在全校普及开来,并作为培养学生艺术修养的校本课程,成了学校一道亮丽的风景,让更多的学生体验到了民间艺术的魅力,增强了热爱民间艺术、热爱家乡的情感。

还有一次,他去邻村做家访活动,在大街上听到了悠扬的胡琴声,便立刻循声找去,结果发现一个老大爷正坐在院子当中的大枣树下边拉曲子边自我陶醉。一曲终了,李守祥迫不及待地走上前与老人交流起来。当听说老人不但会拉各种曲子,还会给京剧、吕剧、黄梅戏等不同的剧种伴奏时,他兴奋地问老人愿不愿意教几个孩子学唱戏曲片段,老人也同样欣然应允。几个学生在实地学习中,在老人手把手的指导下,亲自体验到各种戏曲独特的艺术特点、鲜明的舞台感染力和无穷的艺术魅力,心灵受到强烈的震撼,都深深地爱上了这些戏曲。就这样,经过一段时间的学习和体验,特别是经过班级和学校活动中的几次登台演出的体验,学生的自信心大增;其中,一名原来比较自卑的小女孩得到了同学、老师和家长们的肯定后变得越来越开朗,不但慢慢成了班里的文艺骨干,而且学习成绩也一跃成了班里的佼佼者。

多年来,李守祥老师充分利用和挖掘农村丰富的教育资源,积极组织学生参与不同形式的体验活动,开展各种方式的体验教育,走出了一条富有农村特色的体验教育之路。

"具有农村特色的体验教育"能够充分利用农村丰富的教育资源的优势,做到因地制宜,这对农村学校体验教育的实施提供了很好的模式。

七、赵勇提出的"要加强体验教育"

20世纪90年代末,共青团中央、全国少工委凝练并发起了少先队员"新世纪我能行"体验教育活动,体验教育开始被提及并付诸实践。2000年,共青团中央第一书记赵勇在全国第四届少先队员代表大会上指出:"体验教育是通过自身经历,学习做人做事的基本道理,并转化为行为习惯的过程。"由此,国内掀起了体验教育理论研究和实践的高潮。

第二章

体验是道德教育的生命线

　　人的道德的形成，要经过道德认知、道德情感、道德意志、道德行为四个环节，而体验在每一个环节的发展与形成的过程中都有着积极的促进作用。而且，笔者在长期的道德教育实践中发现，学生只有通过亲自参与实践活动，获得较为深刻的道德体验，才能产生强烈的道德情感，提高道德认知水平，提升道德觉悟，形成正确的价值观和人生观，养成良好的道德行为习惯。

　　因此可以说，体验是学生良好道德品质形成和发展的基础和桥梁，体验是对学生进行道德教育的催化剂、助力器，体验是道德教育的生命线。

第一节　道德教育离不开体验

关于体验在道德教育中的作用,有专家认为活动、体验学习有良好的效用,可唤起积极的学习意欲,使学生快乐地学习,造就学生的整体人格,具有道德教育价值。刘惊铎在《道德体验论》一书中指出:"体验不仅与道德教育之间存在着密不可分的联系,而且是道德教育的重要组成部分,是道德教育理论工作者不可忽视的问题。"

一、体验能够促进知、情、意、行的发展

人的道德的形成要经过"知""情""意""行"四个环节。其中,"知"是基础,是形成和发展道德素质的认识基础;"行"是归宿,是学生道德教育目标的落脚点。"知"和"行"之间的关系是道德内部认识和外部表现、道德动机和道德行为的最基本的关系;"情"和"意"是纽带和桥梁,是联系道德认识和道德行为的中间环节,是实现道德认识转化为道德行为的内部条件。"知""情""意""行"相互促进、相互制约。行为依认识定向,以情感、动机为动力,而通过"行"又加强对道德要求、道德观点的认识与理解,并使道德情感得到丰富与发展。以上的每一个环节都是道德形成的动力和源泉,是道德形成的不可或缺的重要环节,而这些环节又都离不开受教育者的道德体验。

1. 体验可以提高道德认知

人对客观事物的认识始于感觉与知觉,在感觉和知觉中体验起着重要的作用。辩证唯物主义认识论认为,人的一切知识都来源于实践。实践是主观见之于客观的东西,是主观和客观的桥梁。客观世界需要通过人的亲身感受反映到人的头脑中来,并经过加工形成认识。就像只有亲自喝过海水才会知道海水的咸味一样,只有亲身经历某种事物才能对其有深入的了解和认识。同样,已经被社会公认的道德认知和道德观念要成为每个个体的观念和认知,特别是要让青少年接受这些观念和认知,也需要通过他们通过不断的实践和体验来内化和强化这些观念和认知。尤其对一些较为抽象的理念、道理,青少年只有经过深刻的甚至无数次的反复体验后才能理解和接受,真正将其变成自己的东西。例如,我们组织学生参观科技展览,可以使学生体验到科技的神奇和奥妙,激发学生对科技的兴趣,提高学生对科学技术在生产、生活中重要作用的认识;组织学生参加庭审现场会,可以使学生体验到法律的严肃性和震慑力,增进学生对法律的认识,增强学生的法制观念,从而使学生树立正确的法治观和人生观;组织学生参观禁毒画展,可以使学生深刻体验到毒品的危害性,提高对毒品的正确认识,树立自觉抵制不良诱惑的思想意识,远离毒品……这样,学生通过亲身体验、亲身感受,不仅提高了对事物的认识,而且所受到的教育影响要比老师在课堂上干巴巴地讲深刻得多,也比较符合学生的认知规律,因此学生也容易明白

其中的道理。毛泽东同志指出,人的认识过程是"实践、认识、再实践、再认识"的过程,"这种形式循环往复以至无穷,而实践和认识之每一循环的内容,都比较地进到了高一级的程度。这就是辩证唯物主义的全部认识论,这就是辩证唯物论的知行统一观"。

2. 体验可以升华道德情感

"情感,是道德信念、原则性和精神力量的核心和血肉。没有情感,道德就会变成枯燥无味的空话,只能培养伪君子。"(摘自苏霍姆林斯基:《帕夫雷什中学》)

情感的产生来自于体验。例如,当我们对老师产生感激和爱戴的情感,是因为我们无数次地体验到了老师给予自己的无微不至的关爱、呵护和悉心的照顾。

道德情感的培养需要通过一定的活动体验来完成。人只有在产生内在的感受、具有属于自己的感受时,心灵才能得到扩张。因此,我们应适当组织学生开展一些有益的活动,通过学生的参与,使他们获得不同的心理感受和体验。这样,可以感化学生的心灵,激发学生的情感,陶冶学生的情操,启迪学生的思想。例如,举行捐助贫困生活动,如果学校通过举行庄重而简朴的捐款仪式,并以受资助学生的生活背景和生活处境来触动学生的心灵,让学生深刻地感受和体验到贫困学生吃不饱、穿不暖、经济拮据的真实生活状况,那么绝大多数学生就能产生强烈的同情感和怜悯之心,就能不由自主地产生捐助意识并伸出援助之手;他们甚至宁可少吃一些零食、少打一份菜,也要挤出一点儿钱来捐助给贫困学生,表达自己的怜悯和同情之意。可以说,这样的活动能深深地触动学生的心灵,培养他们良好的道德情感,而且还可以达到潜移默化地陶冶学生心灵的教育效果。

又如,某学校组织学生到某一旅游经济开发区去考察,在考察中学生亲眼看到了该旅游开发区的饭店、餐馆门口用醒目的红色大字在广告牌上写着"今日菜谱:野山羊肉、野鸡肉,野猪肉,野蛇肉,野鹿子肉;野荠菜,野山笋,野山菇,野香椿芽"等,以珍稀动物、植物来吸引游客。返回学校后,教师不失时机地引导学生就此事进行讨论。结果,有的学生讲述自己的体验道:"我看到这些饭店的红字广告牌,感到自己的心在流血。今后我要坚决拒食山珍野味!"人对事物的情感是在体验中产生的,而且体验得越深刻产生的情感也就越强烈。上述学生的感受正是在他们看到饭店宰杀野生动物、采伐野生植物的信息后,身心有了深刻的体验,才对野生动、植物产生了强烈的同情和怜悯,才对生命产生了尊重、珍爱和敬畏感,并增强了保护野生动、植物的意识。正所谓"触景"才能"生情"。

"总而言之,没有感情体验,这些反映人类社会文化的情感和情操就不可能发生。"

3. 体验可以坚定道德意志

要改变受教育者业已形成的一些不正确的道德观点、道德判断,改变某种不良的道德行为则是一个艰巨的、长期的、反复的过程,需要受教育者具备一定的道德意志。

意志的形成需要以体验获得的真实感受为基础。人只有经历了挫折和困难,经过不断地体验和反省,才能认识到克服困难的重要性,才能增强克服困难、战胜挫折的信心和勇气。这种信心和勇气的长期积淀,就形成了意志。磨炼意志的过程是一个不断体验、不断反省的过程。著名科学家爱迪生正是在体验过无数次发明失败的痛苦后,才进一步增强了科学研究、发明、创造的信心和勇气,进一步激发和坚定了发明、创造的斗志,最终发明出了电灯、蒸汽机等1000多种物品,为人类做出了巨大的贡献。《不抱怨 靠自己》的演讲者崔万志,出生时难产,上小学时行走艰难,考入重点高中被校长无情地撵出校门,求职时遭到招聘官的侮辱,开书店被烧,开超市被偷,开网吧被拆了一次又一次,开网店亏光了20多万元的积蓄,经营商务公司欠下了400万的外债……经历了人生无数次挫折煎熬的体验后,崔万志深有感触地认识到:抱怨没有用,只能靠自己。因此,他不仅没有退缩,而且愈挫愈勇,增强了克服困难的信心和勇气。正是凭着坚强的意志力,他坚持坚持再坚持,一直将"天猫"做到行业第一名。

4. 体验可以促成道德行为

行动的发生与一个人的行为习惯有着直接的关系,而行为习惯的养成离不开行为个体的体验。尤其要形成一种长久的行为习惯,更需要坚持和不断地对其强化。但这种强化必须以行为个体的真实体验为基础。没有深刻的体验,就不会有主动的倾向和持久的坚持,也就不可能形成良好的行为习惯。而且,人们在实践中如果对某种行为的意义有较为真实的感受和深刻的体验,就会在行为中表现出积极主动的态度、认真负责的精神和饱满高涨的热情,甚至会长期坚持做下去。例如,雷锋同志正是因为在热心帮助他人、全心全意服务于他人的过程中,深刻地体验到这种行为给人们带来的方便和快乐,认识到这种行为的价值和意义,所以才能满怀激情地、坚持不懈地做"为人民服务"的事情,久而久之,便形成一种自觉的良好的道德行为。

总之,道德教育的过程是青少年道德认识、道德情感、道德意志、道德行为形成的过程。实践中的体验以不同的内涵伴随在"知""情""意""行"的每一个环节,并且有力地促进了每一个环节的发展以及各个环节之间的相互衔接和转化,形成了一个和谐的统一体。

二、体验能够促进道德觉悟的提升

教育的目的在于把人类积累的经验通过一定的形式内化为受教育者个体的智慧、才能与品德,促进其身心全面、和谐地发展。而内化的实现需要行为个体在一定的实践活动中不断地感悟、体验和反省。"只有做了,才能知道收获是什么。"对北京十一学校黄奕茜来说,高一寒假里的一次国际义工活动给她带来了巨大变化。她到柬埔寨参加义工活动的第一天,98%的参加者坦言是为了获得一纸证明来的,而最后一天的分享会上几乎所有人都能滔滔不绝地谈收获和体会,唯独忘记了那张证明书。(《光明日报》载)也正是通过义工活动的深刻体验,黄奕茜提升了道德觉悟,因此她才改变了最初的想法。正如人大附属小学校长郑瑞芳所说,"只有品尝了橄榄果,才能理解苦涩的滋味;只有喝了蜂蜜水,才知道香甜的美好。教育其实就是这么简单。对于孩子来说,过程和体验是一种生活积累,是一种沉淀,是一种最昂贵的教育矿藏"。

只有体验,一个人才能获得真知的思想情感,并融会贯通,使其真正转化为自身的素质和素养;只有经过亲身体验,获得深刻感悟,一个人才能提高道德觉悟,形成真知。

我国著名文学家、思想家鲁迅先生,当年东渡日本学医,为的是回国治病救人,使国人能有一个健壮的体魄抵抗外来侵略保家卫国。然而,一次亲身的经历改变了他的这种想法:鲁迅先生去看电影,当影片播放到一群日本士兵残杀与殴打中国人的画面时,日本人"欢呼"起来,而最令他想不通的是,在场的一些中国留学生也跟着日本人喝起彩来。鲁迅先生就想,要想挽救中国,光解决中国人的身体健康问题还不行,更重要的还是要解决好中国人的思想问题。从此,鲁迅先生决定不再学医,而改为学文,用他的笔杆子唤起中国人的爱国热情,有力地推动中国革命的发展。正是鲁迅先生一次看电影的亲身经历,使他深刻地体验到中国人麻木不仁的思想状态,使他对国人素质有了深刻认识。因此,他才提高了道德觉悟,改变了救国救民的方式,决定弃医从文。一个人若没有任何体验,就缺少曲折起伏的情感历程和复杂多变的思想斗争,也就得不到成长而且难以成熟,甚至容易丢失自我;没有体验,感知也不会深刻,自我的道德觉悟也得不到相应的提升。

三、体验能够促进价值观和人生观的形成

人的成长过程就是一个不断社会化的过程。从个体社会化的过程来看,青少年时期社会化的主要任务是自我意识发展和价值观、人生观的形成。而这些任务都需要在与他人交往的过程中完成。其中,社会生活是青少年社会化的重要舞台。人只有积极地投入到社会生活中,参与到社会实践活动中,才能更好地走进社会、融入社会、了解社会;才能增进他们与其他社会成员的情感联系,提升他们的社会化程度。社会是人生的大课堂。人在社会实践中产生的各种不同的心理感受和形形色色的体验成为形成有关道德观念和道德认知的重要来源。毛泽东同志曾经指出,要让青年人到社会的大风大浪中去经受锻炼,经风雨,见世面,茁壮成长。这是他在长期的革命实践中感悟到的、富有道德体验哲理的教育建议。

因此,只有引导青少年积极参加社会实践,在实践中体验,才能使他们体验到人生的酸甜苦辣,体验到生存的价值和生命的意义,从而树立正确的价值观和人生观。

《生活报》载,2012年考入天津大学的"保安哥"訾立高二辍学后走上社会,步入了打工生涯:做过厨师、装卸工、建筑工、服务员、保安等十几份工作。八年的社会实践经历使他体验到生活的艰辛和苦难,历练了自己,提高了认识,悟出了真知,形成了正确的价值观和人生观。"苦难是一笔财富。正是苦难的岁月激起了我的斗志。"是生活的不易,让他懂得了自强不息。他坚持半工半读,仅用一年的时间就学完了高中三年的全部课程。八年的社会实践体验,使他懂得了大爱。对于学校10万元的捐款,他只接受了1万元,其余的9万元全部留给了学校,存入"訾立爱心助学基金"中,以帮助像他一样家境贫寒但渴望求学的人。八年的社会实践体验,使他懂得了自立。对天津大学的老师们要提供的路费和助学金,他婉言谢绝,说要靠自己的双手赚钱,供自己上学、生活。八年的社会实践体验,让他懂得了感恩、有了孝心。他牵挂父母,决定学业稳定后将父母接到自己的身边悉心照顾。

四、从"具身认知"的角度认识体验的作用

"具身认知"论认为,行为主体的认知由其身体感知、体验所左右,即认知的体验性。

例如,荷兰心理学家 Jostmann 等人通过实验(2009 年)发现:拿着一个沉重写字板的研究对象较拿着轻巧写字板的被试者在判断外币的价值时,身体负重的多少会直接影响被试对象对事物重要性的评价,那些负担更多重量的对象认为被评价的外币价值更高。这个实验说明,知识的获得在很大程度上依赖于行为主体的身体体验。

将"具身认知"论扩展至教育领域,体验的重要作用便更加凸显出来。体验是学生获取知识、发展能力不可缺少的途径,即学生知识的构建依赖于自身的感知和体验。实用主义教育家杜威主张的"从做中学",我国教育家陶行知的"实践是知识的源泉",维果茨基强调从活动中促进儿童发展等都源于这一认识。

在道德教育领域,"具身认知"论也具有一定的实践指导意义。

"具身认知"的"身体先行"原则,对个体品德的形成起到了积极的促进作用。

在一次捐款中,组织者采取说教的方式给人们讲解捐款的重要意义,然后请人们给慈善机构捐款,结果很少有人捐款;但是,先给人们一个慈善团体的标志,然后再组织他们捐款,愿意捐款的人数比例就会大大增加。前后为什么会产生截然不同的结果呢?原因在于佩戴标志的身体动作让捐款者体验到自己是一个"乐善好施"的人。这样,不仅提高了他们的道德觉悟,还增强了他们的"善施"情感,而且使他们产生了"自己理应捐助别人"的动机,因而才促进了捐款行为的发生。

通过这个例子我们可以看出,行为个体通过身体动作获得的体验不仅能够提高道德认知水平、增强道德情感,而且能产生积极的道德动机,从而促进道德行为的发生。

因此,从"具身认知"的角度看,体验对行为主体良好道德素质的形成起到了积极的推动作用。

总之,在学生道德品质的形成和发展过程中,体验起到了不可替代的纽带和桥梁作用。体验是学生良好道德形成和发展的重要途径,是对学生进行道德教育不可或缺的、极其重要的方式。苏霍姆林斯基特别强调道德教育给受教育者带来的快乐体验,对其道德品质的培养所具有的重要意义。他在陈述自己多年观察学生对道德价值的认知与感受时说:"孩子们对老师在阐发道德价值的实质时所发表的言论的敏感程度、思想反应和个人态度,取决于他们的善良情感的发展程度。"

只有体验,一个人获得的思想情感才能刻骨铭心、永生不忘,并达到融会贯通的程度,真正变为自身的素质和素养,从而提高自身的思想素质和道德素质。

因此,道德教育离不开体验。

第二节　透过案例看体验的重要作用

对学生进行道德教育,只有引导学生在现实生活中通过亲自实践,留下情感记忆,获得深刻体验,才能使他们形成真认知、做出真行为、形成真品质并最终养成真道德。

首先,举一个我自己孩子的例子。

[案例1]

我的儿子那年8岁,其节俭意识较差,每次喝完酸奶、矿泉水都将瓶子随手扔掉,我多次嘱咐他把用完的塑料瓶子积攒起来,好卖给收废品的,可无济于事。可见,光口头教育不行,我决定改变一下教育的方式。这天是星期日,我领着儿子带着方便袋沿着路边捡被扔掉的塑料瓶子。儿子不知道葫芦里卖的是什么药,特别兴奋,见到一个往袋子里装一个。我们从商店门口捡到广场,来回半个多小时就捡满了袋子。我接着领着儿子来到废品站卖了。我们一共捡了大大小小26个瓶子,共卖了3元5角钱。儿子这时惊奇地说:"爸爸,没想到能卖这么多钱!"我接着又用这3元5角钱给他买了7个本子和2块橡皮。儿子高兴地说:"真没想到这些瓶子能换回这么多本子来,差不多够我用一个月的。"就这样,从那天之后,儿子再也没有将酸奶瓶、矿泉水瓶扔掉,而是每次喝完后便放到一个专用的方便袋里,并对我和妻子说等攒多了好卖钱。用完的本子他也都一一攒着。我想:正是因为儿子通过捡、卖矿泉水瓶,得到了实实在在的益处,尝到了节俭的甜头,体验到节俭的意义,因此才形成了这种良好的行为习惯。

接着,举一个我的学生的例子。

[案例2]

用完水后不关水龙头、离开教室后忘记关灯等不良的行为习惯似乎成了学生的共性问题。针对学生在学校中时常发生的这些不良的行为,我特意给他们布置了一个作业:调查不良行为习惯造成的浪费。于是,学生采取查资料、上网搜索等形式,搜集、汇总了这样一组数据:一个水龙头如果一秒漏滴一滴水,一年便漏掉360吨水;一只漏水的抽水马桶一年约漏水25吨;电器不用时将电源关掉,全国一年节约的电力相当于三峡工程发电量的三分之一。接着,我以我们学校的自来水龙头为例:学校的自来水管直径是0.2分米,每秒流水约5分米,如果你忘记关水龙头,一分钟将浪费多少升水?1小时可浪费多少水?累计时间一周呢,一月、一年呢?学生通过认真地计算,依次得出1分钟约9.5升、1小时约570升、1周约95 970升、1月约410 400升、1年约4 924 800升即近5 000吨水的结果。

当学生看到这些难以置信的天文数字后都深为震惊。这时候,他们都切身体验到平时不良行为习惯所造成的巨大浪费,引发了震撼、痛惜、自责等各种强烈的道德情感。有的学生还非常后悔地说:"真没想到平日这些不良的习惯会造成这么大的浪费!"还有的学生说:"想想我前面的那些不良习惯,真不知道要给国家造成多大的浪费啊!"学生正是通过亲自调查、分析和认真的计算,体验到不良的行为习惯会造成的巨大浪费,因此,认识到各种不良行为习惯的严重性,同时也提高了对养成良好行为习惯重要意义的认识。于是,学生纷纷表示,从现在做起,要从自身做起,从日常的点滴小事做起,养成勤俭节约的良好行为习惯。

再说一个学生参观看守所接受普法教育的例子。

[案例3]

邓州市检察院未检科组织邓州市城区一初中30名学生来到邓州市看守所,以零距离接受普法教育的方式,为他们上了一堂别开生面的警示课。当天,这些学生在未检科干警和看守所管教的引导下,依次观看了看守所的构造,听取了在押人员的现身说法,参观了正在接受教育的在押人员的课堂,了解到了接受教育改造者的生活环境,更加直观地认识了违法犯罪带来的严重后果。参观后,他们纷纷表示,通过此次参观看守所,明白了"德"是做人的标准、"法"是做人的底线。作为青少年学生,要珍惜年少时光,好好学习,更加自觉地遵守国家法律和社会公德,规范自己的行为,做到自尊、自律、自强。

学生正是通过参观看守所,亲身感受、体验、认识到违法犯罪的危害性,才懂得了"德"与"法"的重要性,才懂得了规范自身行为的重要性;相反,若不是通过自己的亲眼看见,不是通过自身的体验,他们产生的认识也不会这么深刻。

中国著名教育家、原上海建平中学校长冯恩洪为了对学生进行孝敬父母的教育,让学生进行了以下方式的角色体验。

[案例4]

冯恩洪校长在超市里买了50个塑料袋,根据自己假期家访时了解到的每个学生出生时的体重,在塑料袋里装上了跟学生的体重同等重量的沙,然后让每个学生把这袋黄沙绑在自己的腰间上了一节45分钟的负重自修课。课后,冯恩洪校长又引导学生谈出了自己的感受,并抓住时机趁热打铁,采取列数字、作比较的方式,对学生进行教育,使学生认识到自己的母亲为了生育自己,十月怀胎,忍受了相当于若干节这样难以忍受的自修课,真是太辛苦、太不容易了!学生亲力亲为后产生的体验,使他们真切地感受到了伟大的母爱,并形成了孝顺父母的认知基础,同时也打下了一个非常好的情感基础,因此这些学生能够很接茬地理解、认可和接受孝敬父母的教育。

我想,如果没有45分钟的负重体验,学生根本感受不到母亲十月怀胎的艰辛,也更体验不到伟大的母爱。

吉林省四平市开展"体验式"诚信教育的案例。

[案例5]

学校在空闲教室或教室的角落设立柜台,摆放笔、尺子、本、橡皮和红领巾等物品,学生可在下课时间自愿去柜台购买需要的商品,自动投币,自觉找零。超市没有看管柜台的学生,也不安装摄像头。学校设置了活动策划部,实行"日记账、周报表、月结算、年表彰"的运营方式。同时,为调动学生参与的积极性,对其进行"体验式"教育和引导,超市的货品采购、建立台账、记录收支、经营管理、超市维护等环节均由学生参与并负责。学校设有管理员、核算员,班级根据各自情况可让学生轮值或公开竞聘;在年级则设有年级经理或副经理等职务,通过公开竞聘、业绩考核和就职演讲等形式来选拔。

除道德超市的盈利部分全部用于资助家庭贫困的在校学生外,道德超市还设立了"爱心义卖"专柜,鼓励学生将图书、玩具和自制手工艺品拿到道德超市义卖,义卖所得也全部纳入学校的爱心基金。

道德超市的设置和经营,使学生在亲身参与其中,体验到诚信的重要性,体验到奉献爱心的意义,树立了诚信意识,也培养了他们关爱弱势群体的品质。

孙冉的民俗活动体验案例。

[案例6]

北京月坛中学的孙冉同学在谈到她的研究成果《中日中小学生勤苦状况对比研究报

告》时，深有感触地说："我是因为参加多次民俗活动，与日本的同龄伙伴有共同生活的难忘经历，才完成了这项研究课题。我感到读书再多，听课再生动，也不如亲自体验印象深刻。作为一名中学生，我在自己的家中接待过四个日本朋友，并两次去日本，在三个日本人家住过两个月，胜读十年书。因此，我呼吁全中国乃至全世界，架起友谊的彩虹吧。让广大青少年朋友像一家人那样亲密，这世界必将更加美好！"

孙舟同学通过多次民俗活动的体验，认识到不同民族和国家的青少年之间建立良好友谊的意义，认识到良好的友谊对于促进美好世界的建设和发展的重要性。

上面的六个案例，不管是对孩子进行节俭教育、良好行为习惯的养成教育、遵纪守法教育，还是进行孝敬父母的教育、诚信教育、友谊教育，之所以能取得这么显著的效果，都是因为孩子通过亲身参与实践活动、调查研究、参观、扮演角色等，获得了深刻的感悟和体验，并产生了强烈的道德情感，提高了道德认知的水平；否则，也不可能取得这么理想的教育效果。亚里士多德强调"实现活动"在德行的原始发生中的价值。他说："我们必须先进行实现活动，才能获得这些德行。"因此，只有引导学生在现实生活中、在活动中，通过亲自实践、亲身体验，才能使他们升华认识、激发情感、感悟真理、养成良好道德。也可以说，是体验促进了学生道德的成长和发展。

关于体验在道德教育中的作用，鲁洁、王逢贤教授曾明确指出，"人的道德行为的发生受情感的引发和调节"，而"人对道德价值的学习以情感—体验型为重要的学习方式"。

同样，刘惊铎教授在这个问题上也谈出了自己深刻的见解："道德教育实验证明，道德教育的实效，是在体验中发生的，只有诱发和唤醒体验者的道德体验的道德教育，才能对其生存实践和生命健康成长发挥实际的促进作用，它也才是有效的因而也是有真正价值的道德教育，也才能成为具有合理性和合法性的存在。"

于是，刘惊铎教授提出了"体验是道德教育的本体，道德体验是有魅力的道德教育，道德体验就是回归道德教育真谛的道德教育"的命题。

此外，笔者对体验在道德教育中的作用也有一定的认识。通过自己多年的德育工作实践经历，笔者深有体会地感觉到，缺乏体验的道德教育，即使投入再多的精力和人力，花费再多的物力和财力，占用再多的时间，使用再大的场地，也很难取得良好的教育效果。

因此可以说，体验在学生的道德教育中具有举足轻重的作用。体验是对学生进行道德教育的催化剂，体验是道德教育的助推器，体验是道德教育的基石，体验是道德教育的生命线。

第三章

当前道德教育中体验的缺失

每个人的成长都离不开家庭、学校和社会的培养,青少年时期尤其如此。青少年的道德品质、思维方式、生活习惯,包括身体健康、心理健康等最直接地受到家庭的影响。青少年时期是世界观、人生观、价值观形成的重要阶段,学校教育的影响对其三观的形成几乎是决定性的。社会环境、社会风气、社会各方面的资源和力量对青少年的成长具有极其重要的作用。

可以说,家庭、学校、社会三者教育的方式和质量直接关系到青少年整体素质的高低,关系到他们的发展空间和发展前景,关系到他们一生能否快乐幸福地生活。而体验不论在家庭教育、学校教育还是社会教育中,都具有极其重要的作用,直接关系到家庭、学校、社会三者教育的质量和效果。但是,现实情况是道德教育中体验的缺失较为严重,因此,加强对当前青少年道德教育中体验缺失的分析与思考,显得十分重要。

通过对体验缺失的分析和思考,可以使我们及时发现家庭、学校、社会在道德教育方面,特别是在道德教育的体验方面存在的问题和不足,以便尽快地提高教育认识、转变教育观念、改进教育措施、拓宽教育空间,采取更加科学、合理、有效的教育方法切实提高道德教育的质量,为青少年身心健康、茁壮成长提供强有力的保障,为他们一生的快乐、幸福奠定坚实的基础。

第一节　家庭道德教育中体验的缺失

每个人的成长首先是从家庭开始的。家庭是孩子的第一所学校,父母是孩子的第一任老师。"父母对小孩子健全人格的形成有不可推卸的责任。"(陈鹤琴语)家庭教育的质量,对孩子的成长起着至关重要的作用,甚至会影响孩子一生的发展。但是,当前家庭教育中存在着一些不良现象,尤其是父母的溺爱已经严重影响了孩子的身心健康成长,并引起了人们的极大关注。

有人讲,孩子的问题99%是家长的问题。从某种程度上讲,家长的教育理念直接决定着家庭教育的成功与否,关系到孩子能否健康地成长。自20世纪80年代起,中国独生子女群体的诞生,改变了父母对子女爱的方式。他们将孩子视为掌上明珠,真是"捧在手心怕碎了,含在嘴里怕化了",孩子要什么就给什么,极力满足孩子的一切需求,生怕孩子受到一丁点儿委屈。一切家务活全由父母承担,尤其在城市家庭里这一现象更为严重。在一次调查中,有三分之一以上的城市少年儿童表示很少或从来不参加家务劳动。孩子们的一切事情全由父母包办、代劳,接孩子放学回家的奶奶给孙子背着沉重的书包,更有甚者竟亲自到学校替孩子值日——扫地。辽宁何氏医学院院长何伟接受记者采访时,向记者提供了这样一组数据:某县妇联对一所重点中学高一学生做过一次调查,从没洗过衣服的占79%,不会或不敢使用电饭锅、液化气炉的占67%。

因家长的溺爱,致使儿童变得冲动、任性、缺乏自制力,同时他们只希望别人爱自己,而想不到也不会爱别人。据对上海市某小学一年级学生的调查发现,该班小朋友在家里常常任性发脾气的占50%,对父母不会用礼貌语言的占36%。全国少工委和中国青少年研究中心曾经联合向16350名小学生进行问卷调查。在回答"遇到困难时怎么办"这个问题时,97%的孩子选择"找父母和老师",而不是自己解决困难,因为他们没有勇气面对困难与挫折,眼高手低,懒散任性,轻视劳动,怕苦怕累,缺乏独立生活的能力和劳动习惯,受到一丁点儿挫折和困难时就茫然不知所措。一项对家长的调查问卷反映,在生活和学习上离开父母而束手无策的孩子占调查总人数的60.4%。这正是父母过分地呵护孩子、包办孩子的事情越俎代庖的结果。

济南某高校大一新生因军训感觉身体吃不消,更多的则是从心理上承受不住军训带来的疲劳而"临时逃跑",然而有不少家长竟因心疼孩子而请人开假请假条前往学校护驾。有一位学生在参加完军训的途中说:"我父亲说等我'吃苦'回来,带我到饭店吃一顿,犒劳犒劳。"真是荒谬!福州的李女士在电话中听说读大学一年级的儿子想家,想吃妈妈亲手包的馄饨,便于头天晚上亲手包好馄饨,赶头班飞机从福州飞往青岛,送到儿子手中。家住兰州小稍门的周女士,经常收到在北京上大学的儿子寄回来的脏衣服让她洗。

父母可以庇护孩子一时,却庇护不了孩子一世。这样下去,孩子长大后怎么能够独立生活,怎么能够在竞争激烈的社会中站住脚跟呢?不论是开假请假条,还是千里送馄饨、给孩子洗衣服,这实际上都折射出了父母爱的错位。

高校生连"馄饨之苦"都不能忍受,连正常的军训活动都不能参加,怎么能体验到生活的困苦、挫折的痛苦、逆境的煎熬和不易,又怎么能培养和增强自己抗挫折的能力呢?

现在,因经受不住挫折的打击而发生自虐、自杀的事件屡见不鲜。西北某自治区首府有一个14岁的中学男生和老师发生了矛盾,觉得老师态度不好,就向老师的后背甩墨水,不料被老师察觉了。因自己认为只甩了一滴,而老师硬说甩了四滴并说他是人渣,回家后就上吊了,还留下一封遗书。遗书上说"我要用我的死维护我的尊严,证明我就是甩了一滴墨水而不是四滴"。就是为了证明只甩了一滴而不是四滴他就选择了上吊自杀,其承受挫折的能力可见一斑。《海南特区报》载:海南省农垦中学一名高三女学生因学习压力大、成绩退步等原因欲轻生。当时女孩情绪激动,手持榔头"警告"警方不准进屋,否则她就喝硫酸自杀。

正是因为父母过多的庇护、过分的溺爱,无意中剥夺了孩子实践的权利、体验的机会,因此,导致孩子失去了经历生活、感悟生活、体验人生的机会。连力所能及的洗衣服、扫地等举手之劳的家务活都没有干过,怎么能感受到做家务活的辛苦,体验到父母持家操劳的不容易,又怎么能增强对父母的爱,懂得感恩父母、孝敬父母呢?

深圳某单位公务员廖某,将从湖南老家来深圳帮其带孩子的59岁的老父亲衣服撕破,将其身体多处打伤,咬得其左肩膀鲜血直流。据《东方早报》载:日本留学生汪某因不满母亲寄给自己的留学费用,竟将前来上海浦东机场迎接他的母亲顾女士连刺9刀,致其当场昏迷,并造成重伤。河南电视台报道:河南一大学生因家庭经济纠纷将父亲打伤住院后,又与母亲发生口角,持水果刀朝母亲头部、身上连捅数刀。

真是令人触目惊心啊!这一件件惨不忍睹的事件的发生,或许与孩子缺少家庭中的体验式教育而导致的不懂得感恩、不知道孝敬父母不是没有关系吧!

做家务劳动是每个人必须具备的基本生活能力。大学生连衣服都不会洗,在生活中怎么能够做到自理、自立、自强,又怎能够独立、成才呢?

世界上一些发达国家的家长非常注重孩子的家务劳动。美国的父母从孩子小时候起就让他认识劳动的价值,比如让孩子自己动手修理自行车、修理小家电、做简易木工、粉刷房间等;不管家庭经济状况如何,孩子在12岁以后就得给家里的庭院割草、给别人送报纸,以换取零用钱。日本父母教育孩子在学好功课的同时,必须做些力所能及的家务,到外面打工挣钱。在瑞士,父母为了不让孩子成为无能之辈,从小就着力培养孩子自食其力的精神;比如,十六七岁的女孩子初中一毕业,就要选择一家有教养的人家当一年左右的女佣,上午劳动,下午上学。在瑞士,长期依靠父母过寄生生活的人,被认为是没出息和可耻的。

而且,劳动还能够促进孩子的成长。巴甫洛夫是俄国著名的生理学家、心理学家、高级神经活动学说的创始人。对于自己的成功之路,他怀着激动的心情说:"我总是感激我的父亲,是他给了我一双勤劳的手,他教会我过简朴的生活,让我有可能受到高等教育。"而这位科学巨人的父亲只是一位穷苦的乡村教士,但他懂得劳动教育对孩子成长的重大意义。

美国哈佛大学的学者在进行了长达 20 多年的跟踪研究后发现,爱干家务活的孩子与不爱干家务活的孩子,失业率之比为 1∶15,犯罪率之比为 1∶10,离婚率与心理患病率也有显著差别。干家务活能使孩子学会基本的生存之道,学会生活自理和尊重他人的劳动。人只有学会生存的本领,能自立,才有可能去实现更高层次的追求。

总之,在我国,正是因为父母过多的庇护、过分的溺爱剥夺了孩子干家务活的权利,使孩子从小就失去了很多体验家务劳动的机会、体验丰富多彩的生活的机会,享受不到由参与家务劳动带来的体验式教育的价值和意义,因此影响和制约了他们自身的一些诸如吃苦耐劳、珍爱劳动成果、尊重他人、不怕挫折、意志坚强、自信自立、独立自主等良好道德品质的形成和发展。

第二节　学校传统道德教育的方式、作用及局限性

一、学校传统道德教育的主要方式

当前,传统的道德教育方式仍然在学校道德教育领域占据着主要地位,成为学校对学生进行道德教育的常态,其主要有以下几种形式。

1. 德育课程

小学以《品德与生活》《品德与社会》为教材,其中《品德与生活》的总目标是培养具有良好品德和行为习惯、乐于探究、热爱生活的儿童。《品德与社会》旨在促进学生良好品德的形成和社会性发展,为学生认识社会、参与社会、适应社会,成为具有爱心、责任心、良好的行为习惯和个性品质的社会主义合格公民奠定基础。初中则以《思想品德》为教材,以社会主义核心价值体系为导向,旨在促进初中学生正确思想观念和良好道德品质的形成与发展,为使学生成为有理想、有道德、有文化、有纪律的社会主义合格公民奠定基础。

不论是小学还是初中的德育课程,在教材的大部分文本中都列举了学生日常生活中一些较为常见的事物或现象,做到了以学生生活为基础,知识联系生活,有利于促进学生对道德理论知识的理解和道德观念的形成。

总之,德育课程的开设,向学生传授了大量的道德观念、道德规范知识,丰富了学生的道德理论,提高了学生的道德认知水平,在一定程度上提升了学生的道德素养,使他们形成了一些良好的道德品质。

2. 其他学科的道德教育渗透

语文、数学、英语、音乐、美术、体育等其他学科课程是对学生进行道德教育的另一主要载体。课堂上,教师通过学科教学,让教材中种种潜在的人文精神充分地发挥作用,采取不同的方式对学生进行不同内涵的道德教育。例如语文教学,通过深入挖掘课文中蕴

含的思想感情对学生进行诸如爱国、诚实、善良、团结、友爱、合作等方面的道德品质教育，通过写作抒发情感、表达愿望，对学生渗透一定的情感教育、理想教育和励志教育。数学课通过严谨的推导，证明数学是合乎逻辑的，是严谨的，是客观公正的，以此培养学生严谨的伦理品质，让学生通过了解毕达哥拉斯、牛顿、哥德巴赫、欧拉、高斯等数学大师的成长经历及对人类在数学方面的贡献，感受大师探究问题的精神和方法，激发学生追踪数学大师、探究未知数学领域的科学精神，培养学生锲而不舍的精神和积极有为、不图回报的情怀。正如清华附中数学组张钦老师在微信里分享他读笛卡尔著作的体会时所写的一句话："我是一个数学教师，我要教给学生的不只是数学知识，而应该是一种数学的理念，一种看事物的眼光，甚至是一种世界观。"音乐、美术等学科教学，在提高学生审美情趣的同时，陶冶学生的情操，完善学生的人格，促使学生的个性发展和思想成长。体育活动能协调学生之间的关系和情感，培养学生坚强不屈的意志品格和友善、合作、民主、竞争的价值观等。

3. 反复说教式

作为课堂授课式道德教育的延续和补充，学校德育处、团队组织和班主任老师还经常通过班会、团队会、国旗下讲话、重大传统节日等形式苦口婆心、日复一日地对学生进行诸如爱集体、爱祖国、团结友爱、尊敬师长、诚实守信、遵纪守法等方面的道德教育，以此来提高学生的道德水平，规范和完善学生的道德行为，促进学生良好行为习惯的形成。

4. 个案式说服教育法

在日常的学习生活中，当学生出现上课说话、旷课、打架、损坏公物、盗窃等违反校规校纪的现象时，班主任老师会对其进行各种形式的批评教育和说服教育，其目的是努力使学生认识到自身的错误，并督促他们改过自新。

5. 品德评价式

教师通过观察、描述性评语、学生成长记录、考试、考察等方式，评价学生平日的品德状况，以激励和促进学生道德品质的不断发展和提高。维果茨基说过："一个人是从别人那里看到自己的。个性是通过别人的反馈而成为现在的样子的。"这也正是对学生进行品德评价的根本所在。

二、学校传统道德教育的作用

学校传统的道德教育在学生的道德形成和发展上起到了一定的积极作用。

首先，通过专门的德育课程、其他学科的教学和反复说教式对学生进行的道德教育，不同程度地向学生传授了大量的道德理念和道德规范知识，丰富了学生的道德理论知识，开阔了学生的道德视野，提高了学生的道德认知水平；使学生形成了一些良好的情感、正确的态度和积极向上的价值观，培养起一定的道德思维能力和道德判断能力；促进了学生良好思想道德素质的形成和发展，为把学生培养成社会主义合格公民奠定了一定的基础。

其次，个案式说服教育是针对学生的错误立即施教的道德教育方式，具有很强的针对性、目的性和时效性，对学生的道德教育做到了有的放矢、对症下药，因此，在短时间内能够产生良好的教育效果。

再次,品德评价能够及时发现学生在品德方面存在的问题,并给予明确的指导和帮助,在一定程度上促进了学生品德的发展。

三、学校传统道德教育的局限性

以课堂授课为主要形式的学校道德教育也存在一定的局限性。

1. 课堂教学过多地注重知识传授

专门的德育课程主要以授课的方式向学生传授道德观念、道德规范知识。教师往往把德育等同于智育,仅仅着眼于"提高认识",课堂上通过向学生传授一些道德规范知识,引导学生学习、遵守和服从既定的、明确的和统一的道德规范要求,并以纪律约束来确保其实施的效力。这样做的弊端如下。

一是难免流于宗教式的说教或劝诫,甚至沦为道德灌输。"灌输只能在一定程度上改变人们的行为,但不能从根本上转变人们的观念。"

二是仅依靠道德规范知识的传授难以使学生对道德规范发生深刻的理解和领悟并体现在行动上,最多只能达到"记熟""背过"的水平。然而,道德教育不是只看受教育者是否会背诵政治条文、演讲道德知识、谈论道德伦理,而主要看其是否拥有积极的道德情感、是否形成了正确的道德态度、是否养成了良好的道德行为习惯。

三是道德规范、行为准则的形成,单靠说教是不可能实现的,而要在具体的生活实践中引导学生不断经历、反思、内化、固化,才能使其成为习惯。

四是从"具身认知"观而言,传统式道德教育致使学生具身体验环节被压缩,甚至完全缺失。忽略了知识的体验性,学生在学习中就像一个接收信息的机器,没有具身反应,没有共鸣,难以有学习的快乐,久而久之会窒息学生创造的快乐!

五是缺少一定的亲切感和亲近感,学生只是被动地接受伦理知识。哲学家罗素指出,强迫孩子接受道德观念是没有用的,唯一的效果是引起孩子们厌烦。

因此,这种以知识灌输为主且伴有道德训诫的授课式的道德教育,从根本上偏离了德育的真正目的,不仅使学生难以形成良好的品德,而且有可能挫伤他们对道德和道德修养本身的好奇和兴趣,同时也削弱了道德教育本身应有的感染力、持久力和育人功能,因而是缺乏自身魅力和吸引力的道德教育。

2. 学科教学与道德教育相分离

杜威指出,"道德的目的是各科教学共同的和首要的目的"。现实中,语文、数学、英语、物理、化学等其他学科的非班主任教师往往认为自己的本职工作是向学生传授知识,而对学生进行思想教育和道德教育则是班主任或思想品德学科教师的分内工作,与己无关,不能"种了别人的田而荒了自己的地"。有时候他们即使想对学生进行道德教育,也往往觉得名不正、言不顺,枉费心思。这样,造成了任课教师在道德教育和学科教学之间的相对分离。因忽视了对学科课程潜在的道德教育素材的挖掘、提炼和与现实生活的联系、应用,因而使学科课程的德育资源得不到有效的开发和利用,失去了其本有的育人功能。埃利亚斯指出:"道德教育是一个需要多学科共同研究的领域,仅仅通过这一门学科来探讨这一领域既是有限的,也是危险的。"

其次,受"应试教育"的制约和引领,在教学中,教师往往只注重知识的传授,只注重学生对知识的理解和掌握,而忽略了对学生道德教育的渗透。有的任课教师即使对学生进行了一定的道德教育的点拨和渗透,也往往是"穿靴戴帽"式的"渗透",轻描淡写、浮光掠影、蜻蜓点水式地一笔带过,其产生的教育效果可见一斑。赫尔巴特说过:"教学如果没有进行道德教育,只是一种没有目的的手段,道德教育(或者品格教育)如果没有教学,就是一种失去了手段的目的。"

由此可见,各科教学与道德教育应该相辅相成、密切融合、不可分离。

3. 学生缺少深刻的情感体验

"动情是德育的关键。"(朱小蔓语)教师课堂上讲授的内容大多是一些既定的道德规范知识,虽然有的观念、知识与现实生活和大自然有着密切的联系,但学生往往因缺少自己的亲力亲为而难以获得真实的情感体验。忽视了人的情感特征,不能满足人的各个不同的情感需要,也难以激发、调节人的情绪机制,因而就难以对人的情感方面产生深刻的影响,以及由此而产生的各种不同的和富有个性的心理感受。可以说,"脱离生活世界的德育课,学生是很难对它产生兴趣的,也就很难形成道德体验,并进行道德判断、选择,进而产生道德行为"。由此可见,"道德感"不能简单地认为是人对道德原则和道德规范的感知。道德感是在人的生活的种种关系中生成的,它是人对生活的领悟。课堂上由于教师训练的内容或与学生的经验无关,或为学生的能力所不及,所以,"不仅不能促进,反而限制了儿童的智慧和道德的发展"。因此,以说教为主的课堂教学,难以走进学生的心理世界引起学生强烈的情感共鸣,也难以内化为学生健康的心理品格和较高的道德素养并转化为良好的行为习惯。

课堂上教师讲授的道德观念、道德知识大多是通过学生以听和问答式的交流为主要方式来理解和掌握的,这种单调刻板的教学形式,不仅使学生的理解不够深入、透彻,而且也影响了学生情感、态度和价值观的形成及道德判断能力的培养。对知识的理解不仅需要看、听,更需要经历之后所产生的真实感受和深刻体验,这样才能与知识产生共鸣,感同身受,以至于深刻理解和牢牢掌握。

4. 道德知识的传授与活动相分离

在学校中,学生的道德生活不仅包括道德的认知层面,也包括道德的实践层面;不仅包括客观的认识,也包括主观的感受。有时候,客观认识和主观意识是不统一的。例如,一个人尽管有丰富的关于道德的知识,但他对相关的道德问题往往表现得漠不关心。比如说,一个人通过知识的学习,可能知道什么叫诚信、为什么需要诚信、诚信有什么意义及如何做一个诚信的人等,但他完全可能同时又是一个毫无诚信品质的人,甚至是一个有欺诈倾向的人。为什么呢?因为现实生活世界和自然之境的道德体验价值,是无论如何也不会从对书本规范条文的"背诵"中领会到的。这就是仅靠书本知识对学生进行道德教育的短板。因此,道德的学习不能完全依赖于课堂,还必须注重学习主体的实践活动。

实践活动不仅是道德体验的场域基础,同时是道德体验深化、发展的重要载体。实践能激发受教育者的各种需要和欲望,展现真实的道德问题和冲突,使受教育者在与同伴、团体和社会之间的关系中体会到他人的态度、意识到他人的思想情感,并设身处地地从他人的角度看待问题。一个人只有在实践中、在做中才能更好地把握、理解规范,才能有更深刻、更丰富的情感体验,因而也才能形成道德习惯。可以说,"实践"是对学生进行道德教育的主课堂。鲜活的道德教育内容、丰富的道德教育资源所蕴含的"道德",只有通过"实践"这一途径才能使学生更全面地吸收、内化,并外化为实际行动;外在的思想和道德规范,只有在实践中与学生的体验和反思相联系,融入学生个体的生命活动中,才能真正被他们理解和领悟,成为他们自我要求和内在追求的一部分。

国内外一些教育家充分认识到实践活动在道德教育中的重要意义。

杜威在《教育中的道德原理》中明确表示,道德教育不是专断的和不是超自然的。道德教育是社区生活中和个人活动的结构中所固有的。

涂尔干也指出:"道德教育不应该硬性地局限于上课的时间进行,它不是一项限时限刻的工作,而是一项时时刻刻都要做的工作。它应该融会在整个学校生活里,因为道德本身是与集体生活交织在一起的。"(《中国教育报》2016.5.18)

在我国,叶圣陶先生曾经指出:"道德不是挂在口头的语言、写在纸面的文字,而应该是贯彻一切行为的态度和精神。在日常生活中,在游戏中,培养孩子的道德品质,才能够真正取得实效。"

一些发达国家非常注重通过实践活动进行道德教育。

享有"花园城市"美誉的新加坡,其公民课实施细则明确指出,公民教育是对公民的品性、思想和行为的陶冶与训练,它不只是学识的灌输,还要使教学与训练相辅而行,利用一切校内外活动及受教者之所见、所闻来熏陶影响。这正是新加坡国民道德品质高尚、言谈举止文明、综合素质优良的根本原因所在。

在韩国,德育与实践活动密切结合。他们认为,理论学习和观念掌握都必须通过行动和实践表现出来,实践活动与理论学习相结合是学校德育中必不可少的环节。

因此,只有让学生在实践活动中引发强烈的道德情感、获得深刻的道德体验,他们才能受到良好的道德教育,实现道德境界的实质性提升。

道德是在生活世界之中,而不是在书本之中的。而现在以授课为主要渠道的道德教育更多地注重课堂道德知识的传授,把道德教育内容仅仅作为知识体系,通过传统的课堂教学方式进行教授。因为缺少了学生实践的机会,缺少了相应道德教育活动的跟进与补充,导致"道德知识传授"与"道德教育活动"相对分离。因缺少与教育活动的有机结合、相互渗透,使课程知识成为"一潭死水",得不到及时的交流、沟通、拓展和应用,往往只能"纸上谈兵",因此也降低了其本有的教育价值。

5. 德育过程不完整

朱小蔓教授认为,"教育的过程应该是逻辑—认知与情感—体验共同构成的完整过程"。鲁杰、王逢贤教授曾指出:"一个完整的德育过程,应该是体验者的认知活动、体验活动和践行活动的结合。"而目前学校的课堂授课式道德教育主要侧重于对学生道德认知的教育。而一个人的道德素质的形成要经过道德认知、道德情感、道德意志和道德行为四个环节,道德认知仅仅是道德形成的基础,它最终要通过道德情感和道德意志内化为个体的自身素质,并转化为一个人良好的自觉的行为习惯。完整的道德教育应该是智、德统一的,而不是分离的。因此,仅以提高学生道德认知水平为目的的单向授受道德规范知识的道德教育是不完整的、不全面的,是有待补充和需要不断改进和完善的。

6. 道德说教往往以征服学生为主要目的

北京十一学校李希贵校长曾经指出,学生不良行为发生后,教师往往并不去以同理心换位思考问题背后的真正原因,不去挖掘学生不良行为背后的根源,甚至也不去考察其中是否存在合情合理的成分,只顾一味地数落、说教、训斥,力争使学生心悦诚服地接受老师的思想和观点。"我们的说教就是这样的赤裸裸的,学生一本正经地听着,可过后什么都是浮云。"这样的说教便成了学校日常工作中道德教育的常态,学生稚嫩的意识、鲜明的个性、奔放的热情和远大的理想往往就这样在教师的一次次说教中被泯灭和扼杀了,什么坚守的情操、执着的信念和富有挑战性的创造更是被抛得无踪无影。从某种意义上,说教反而成为阻碍学生道德发展的枷锁。

7. 道德说教也不利于学生情商的培养

正如北师大附属中学校长蔡晓东所指出的,"情商的培养不能是说教的,说教教不出一个高情商的学生来,必须让学生去体验,去参与,所以学校必须有多种形式的活动"。情感的培养需要在现实生活之中实现。只有当学生在参加一定的社会实践活动中与社会发生现实的互动关系时,才能使他们对道德规范所包含的源生活内容和意蕴获得切身的体验,才能使他们产生真正的感动,形成丰富的情感世界,促进情商的发展。

8. 道德认识与道德行为的脱离

我们总是不自觉地把道德教育等同于知识传授及科学教育。对道德教育的认识,我们仅仅看成一些诸如集体主义、爱国主义、诚实守信之类的规范的灌输,也仅仅停留在使学生具备"服从、明了、适应"等"他律性"的层面上。"教育并不意味着教人们知道他们所不知道的东西;教育意味着当人们不知道如何做的时候,教他们怎样做。"同时,课堂上教师只注重道德知识的传授,而忽视了对学生道德行为的塑造。正如陶行知先生所说的,"嘴里讲道德,耳朵听道德,而所行所为常不能合乎道德的标准,在无形无影当中,把道德与行为分而为二"。总而言之,以知识传授为主的道德教育根本不具有真正的道德教育意义,其影响根本没有深入到学生的灵魂深处,学生的道德理想、道德信念、道德情感、道德意志没有真正得以养育形成,学生所表现出的言行有时只是迫于压力和要求,是表面的甚至是虚假伪装的,这样必然造成学生知与行的严重脱节。杜威认为,学校道德教育最重要的问题就是关于知识和行为的关系。他反对把知识和行为割裂开来。他强调:"所谓德行,就是说一个人能够通过在人生一切职务中和别人的交往,使自己充分地、适当地成为他所能形成的人。"行为习惯教育不仅仅是个体行为上的顺从,更是心悦诚服地接受。康德认为,道德行为不是产生于强制,而是产生于自觉。

9. 学校道德教育的视角成人化

一些学校开展德育工作往往以成人的理念和眼光来定位,提出什么"情商教育""生态德育"等一些高端理念,完全忽视了学生自身的水平、接受能力和已有的认知结构,营造大而空的道德教育凌驾于学生的生活之上,因此难以走进学生的真实生活和心理世界。这种不接地气的道德教育,导致学生最基本的素养——良好的礼仪、对文明的敬畏和道德自律等丧失了。正如深圳市李庆明校长所说的,"这些年来,我们的德育,总是喊一些假、大、空的口号,我们几十年的教育,又教育出多少真正懂得对自己、对社会负责的人?对学生的要求不要太高太多,只要他们能做一个好公民就行了——有活力、有自信、有智慧,还有一个最重要的是,有情怀"。还有,我们也总是愿意站在成人的立场上审视学生的错误——即使对学生一些类似"闹着玩"的鸡毛蒜皮的小错误也往往大动干戈,结果不是"上纲上线",就是当作道德品质的大是大非问题批来批去。对学生的错误夸大事实的评判,不仅难以使他们心悦诚服地接受,而且有可能伤了他们的自尊,甚至在一定程度上损害他们的身心成长。

10. 道德评价的片面性、单一性、盲目性和形式性

有些学校对学生道德品质的评价具有很大的片面性、单一性、盲目性和形式性。

首先,教师将标准化的笔纸测验作为最主要的道德评价方式。也就是说,教师对学生道德水平的评价仅仅通过一张理论考试卷来定论,如果学生对道德知识记住了、答对了,取得了较高的成绩,就判定其具有较高的道德水平,即分数被赋予了道德的含义,考试分数高的就是好学生,而且是"一好百好"。事实上,道德知识考试拿高分的学生,未必就是道德意识、道德智慧和道德能力发展优异的学生。有时候,学生在道德教育中也许记住了许多道德规范的条文,但却不知道如何处理生活情境中的道德关系。这样,造成了道德评价的片面性和单一性。

其次,教师有时往往根据学生一时一事的表现轻易盲目地断定其品德发展的方向和水平,甚至以此作为教育的起点,进行"头痛医头、脚痛医脚"的教育,因此导致道德评价出现很大的盲目性。

再次,用于评价学生日常品德表现的素质评价手册的使用也流于形式。道德评价的主要功能,在于诊断学生的道德学习和道德行为状态,提供道德发展状况的反馈信息,提升学生的道德意识和道德智慧。而这些往往都是教师日常对学生进行道德评价时所忽视的内容。

11. 缺少对学生行为的指导、监督和考核机制

德育的最终目标是要求实现思想品德的外化。也就是说,道德教育的最终目的是要落实到学生的具体行动上。而现在学校恰恰缺少对学生行为的跟踪指导,缺少对学生行为的监督和检查,缺少对学生行为的衡量和考核,因此,使学生的行为处于完全自由状态,从而导致学生言行脱节、说做不一,成为"言谈的巨人,行动的矮子",甚至出现"高尚道德教育目的下的伪君子人格"。

总之,以课堂授课式为主的道德教育,过多地讲授道德知识、道德规范,而忽视了学生在生活世界和实践活动中的道德情感体验,而且教学形式单调枯燥、道德说教空洞呆板、

评价方式单一机械等等。对这样的道德教育所产生的效果和意义,不免要受到人们的猜测和质疑。当然,不论任何事情,我们都要辩证地对待。在这里需要特别强调的是,指出了以课堂授课式为主要方式的传统道德教育的局限性,并不是对它的全盘否定。首先值得肯定的是,有些授课式道德教育也不完全是单纯的讲授和说教,有时候教师也给学生提供一定的机会,让他们在处理现实的道德问题及体验道德情境、道德冲突的过程中增加对道德理念、道德规则的认识和理解,形成对某种道德行为、社会现象的态度和评价,从而促进学生道德素质的发展。这些,在提高学生的道德认知水平和道德认知能力、促进学生道德素质的提升和情感、态度、价值观的形成上起到了不可忽视的重要作用。其次,道德并不排斥知识,而是要以知识为基础。知识是道德发展的必要条件,是人形成理性品德的前提。如果缺乏对道德的理性认识,受教育者的思想、道德就缺乏自觉性、能动性和创造性,道德素质的发展就要受到一定的影响和制约。而且道德知识的掌握与积累也能促进道德智慧的形成。苏格拉底、亚里士多德曾多次强调过,善、德性离不开"智慧"和"明智",没有道德智慧,就等于没有真正的善或德性。因此,道德认知是道德教育不可缺少的重要组成部分,是对学生进行道德教育的基础和首要环节。但如果将它作为对学生进行道德教育的全部,那可以说是一种不完整的道德教育,因而也难以达到理想的教育效果。相反,在课堂授课的基础上,如果能及时组织学生积极开展不同形式的道德体验活动,做到课堂教学与课外活动的紧密衔接、相互渗透、有机结合,让学生在具备一定的道德认知能力的基础上,通过丰富多彩的实践活动来激发道德情感、磨炼道德意志、引发生命感动,那么产生的教育效果会是很客观的。因此,学校的道德教育必须从传统的单一授课式、说教式的教育状态中走出来,科学合理地引导学生亲近自然、融入社会、参与实践、感受生活,走向开放的、互动的、多样的体验式道德教育,使他们感受到一种在课堂上、书本上很难感受到的鲜活的世间乐趣,从而激发起学习的兴趣,引发强烈的道德情感,唤醒内在的道德追求。刘惊铎教授指出,生活世界和自然之境才是整个道德体验教育大厦的现实基础。要充分挖掘和利用生活世界和自然之境中的各种道德资源,要深入生活、沉入自然,要与家庭、社区和社会各界紧密联系起来,通力合作,综合做功,共同育人。这样的教育才能充满生机与活力,才能具有一定的实用性和实效性,才能取得显著的道德教育效果,才能切实促进青少年思想品质、道德素质的提高和飞跃,促进青少年道德境界的实质性提升,促进青少年良好核心素养的形成。

第三节　社会道德教育中体验的缺失

社会是一所育人的大学校,是每个人成长都离不开的大舞台。青少年的成长受社会的影响很大。从某种程度上讲,青少年的问题是社会问题的反映,特别是在世界范围内,在各种文化思潮泛滥和一些不良思想渗透、侵袭的复杂环境里,尤其要重视社会环境对青少年成长的影响。"在道德上受过教育的人,是一定社会和社会团体的一部分,而且是通过社会形成的。"社会对青少年的道德建设和个体成长具有积极的推动作用。当前,受一些不良因素的制约,青少年参与社会实践活动的机会少了,亲身感受大自然、感受多姿多彩的社会生活的时间少了……青少年社会道德教育中体验的缺失,从某种程度上影响和制约了他们道德素养的形成和发展。

一、缺少必要的社会实践活动

社会实践活动对学生的道德教育具有极其重要的意义。

按照马克思的观点,实践是人的生命成长的基础,因而也是道德体验的基础。

德洛布尼斯基提出,不要把道德从人的活动中分离出来,道德不是区别于社会现象中其他现象的特殊现象;不能限定道德的空间范围,道德渗透在社会生活的一切领域,无时不在,无处不在。

《中国学生发展核心素养》指出,学生的"责任担当"和"实践创新"两大核心素养是在"社会参与"中培养的。

但是,近几年来,受书本知识观的影响、"应试教育"的误导和一些安全条条框框的制约,学校和教师都逐渐淡化了对社会实践活动的认识,因此,学校集体组织的活动少了,学生自己参加社会实践的活动也少了。还有,政府制定的志愿者注册制和志愿服务登记制度没有得到实实在在的落实、执行。青年志愿者的招募没有向少年群体、社会青年群体充分扩展,社会义工制度也没有得到很好的建立和实施。

因此,广大青少年缺少必要的社会志愿服务岗位,不能及时参与各种各样的社会性服务工作。这样,他们失去了很多参与社会生活、认识社会、从事社会活动、体验社会角色的机会,失去了很多在社会上实践、锻炼、学习和创造的机会。有哲学家分析说,"……在现代的实践世界中,爱得到锻炼的机会减少了"。因缺少一定的社会工作经历,缺少对社会不同岗位形形色色的体验,他们也难以产生各种不同的强烈的道德情感,对人道观念、人类良知和社会部分消极因素等的认识和理解也不够全面、深入,因此影响了青少年关爱社会、关心他人、热心助人、不怕挫折、敢于承担等良好道德品质和核心素养的形成和发展。许多教育家焦虑地感叹,现在的孩子知识很丰富,但缺乏感动之心,缺乏体谅之心。据对南京市某重点中学和普通中学的调查,发现有20%的学生对待同学缺乏帮助、关心和信任的积极情感,并且随着年龄的增长这一比例呈上升趋势。

因为没有深入地接触社会、融入社会,缺少对社会的正确认识和深刻体验,所以很多青少年走上社会后,不能及时地适应复杂的社会环境,不能及时调整自己的价值追求与实际追求之间的差异,不能建立准确的自我形象和合理的社会角色期待。因此,他们容易处处受挫、碰壁,从而产生自卑心理,产生强烈的失落感、挫折感,对工作缺少激情,对生活、对人生失去信心,有的甚至自暴自弃走上了犯罪的道路。

2014年,某大学的一位硕士研究生在宿舍内自缢身亡。他自杀的原因除了毕业论文的压力外,还有就业的压力。21世纪教育研究院副院长熊丙奇表示,最核心的问题是面对就业压力和学习压力,学生缺乏一个正确的积极的心理应对。关于就业的焦虑无处不在。

有的毕业生迷失自我，甚至沉迷于网络游戏中逃避现实；更多对自己期望值过高的学生，理想与现实的较大差距让他们产生了较为严重的自卑心理。

无独有偶。石家庄某学院大三女生因沉重的就业压力导致了她对生命的绝望，于2009年1月23日下午3点多自溺于一个倾倒垃圾的狭小水池里。

马克思曾深刻指出，人是在"生活本身"的"实践活动"中成为自己的。学生只有将在实践中获得的经验，通过深刻的体验和不断的内化，才能真正转化为自身的道德素质，并形成良好的道德行为。

笔者想，如果社会能为青少年提供广阔的舞台，学校和教师能引领和组织广大青少年学生走出家门、走出校门、走上社会，开展形式多样、内涵丰富的社会实践活动，如做社会志愿者、做调查者、做义务宣传员、做义工，使他们及早地接触社会、深入社会、了解社会，客观地面对现实，坦然地正视现实，理智地承受和包容理想与现实在心理上产生的落差，形成正确的社会观、就业观、价值观和人生观，就一定可以避免类似上述悲剧事件的发生和蔓延。

二、对社会体验场所的利用不够充分

对农村孩子，特别是经济落后的偏远地区的孩子来说，他们缺少对博物馆、科技馆、艺术馆、少年宫、青少年教育基地等教育活动场所的参观、学习和实践机会，缺少对监狱、烈士纪念馆等场所的参观、调查、访问的机会。以监狱为例，如果学生不能深入到其内部进行参观，零距离地接受普法教育和聆听在押人员的现身说法，就难以产生强烈的情感体验，就认识不到违法、犯罪的严重危害性，理解不了"德"和"法"的真正意义，就难以时时处处严格地规范自己的行为，真正做到遵纪守法。

对城市孩子来说，他们大部分的时间不是在室内就是在柏油路上、水泥地面上，很少有机会接触大自然。因缺少与大自然零距离的接触和亲近，他们感受不到大自然朴素的美和独特的魅力，体验不到大自然博大的胸怀和顽强的生命力，也不可能由此而产生对大自然的敬畏感。特别是一、二线大城市的儿童，他们缺少对大自然美好环境的体验，甚至以为世界本来就是这样高楼林立、车水马龙。孩子们体验不到大自然的勃勃生机和孕育万物的情怀，因而缺乏向往大自然的热情，缺少对大自然爱的情感。相反，学生只有体验过自然之境的美好，才能真正懂得保护大自然生态环境的重要性。席慕蓉曾经说，如果一个孩子在他的生活里没有接触过大自然，譬如摸过树的皮、踩过干而脆的落叶，她就没办法教他美术。因为，他没有第一手接触过美。而"那些感受大地之美的人，能从中获得生命的力量，直至一生。"（雷切尔·卡逊语）因缺少对农村丰富资源的认识和体验，一些城市的学生分不清韭菜和小麦，不知道花生的果实长在地上还是地下，看来这并不奇怪。同样，学生如果不亲自参加田间劳动，就体会不到"粒粒皆辛苦"的含义，体验不到农民劳作的辛苦，就难以懂得尊重农民、尊重农民的劳动成果，也很难做到节约粮食及瓜果蔬菜等劳动果实。

"实践的品格永远高于理论的认识。"（列宁语）学生只有亲自研究、探讨并动手操作民间各式各样的手工制作,才能体验到民间手工艺术的精彩,受到民间艺术的感染和熏陶,以及培养艺术创造能力和审美意识。学生只有深入了解春节、端午节、中秋节、重阳节等传统节日的来历及意义,认真探究当地民风民俗形成的历史背景和发展历程,才能体验到传统文化的源远流长和博大精深,才能情不自禁地产生热爱传统文化、热爱家乡、热爱祖国的强烈情感。

总之,因学生缺少一定的社会实践活动,缺少对实践活动场所的充分利用,必然导致他们一些相关的道德情感和道德体验的缺失。这在不同程度上影响和阻碍了青少年良好道德素质的形成和相关的核心素养的养成。

第四章

体验式道德教育的实施

　　探讨和阐述体验式道德教育的实施是笔者研究的这一课题的主要部分,也是本书的重点章节。

　　首先,谈一下笔者对体验式道德教育的认识。

　　体验式道德教育并不是游离于道德教育范畴之外的另一类教育,而是道德教育范围内的一种较为合理、有效的教育方式。它是以受教育者在亲力亲为的实践活动中,在一定的道德情境中,在各种外界力量的感染、激励之下产生的情感体验,以及由此而引发的各种生命感动为基础的。它与学校的课堂教学一脉相承,是课堂教学的延伸、补充和拓展,是对学生进行道德教育不可缺少的极其重要的组成部分。

　　体验式道德教育也并不排斥道德教育中关于道德知识的传授和道德理性的培养,只是它要把过去的道德规范知识的"灌输"和道德理性的培养推进到更能体现学生自觉性、选择性的"道德学习"上。体验式道德教育的真正价值,不仅在于学生在文本学习中的成绩,更在于学生在实际生活情境中的关系融通性领悟力,在于其解决现实生活中的真实事件的德力(道德的能力)。

　　可以说,没有学生体验的道德教育,是实效性得不到应有保障的、不完整的道德教育,也是没有鲜活的生命力、持久的感召力的道德教育,更是缺乏实际意义的道德教育。

　　体验式道德教育的方式多种多样,产生的效果是非常显著的。本章,笔者将对操作式体验、角色体验、参观式体验、调查研究式体验、情境体验、情感交流式体验、叙事式体验、愉悦体验、挫折体验、爱与尊重的体验等 10 种不同体验方式的道德教育的相关要求、具体做法及取得的成果分别做一些粗浅的阐述。

第一节　操作式体验道德教育

在道德教育中,受教育者身体力行地参与一定的实践活动,在活动的操作过程中获得深刻的感受和体验,能够提高道德认识,增强道德情感,形成良好的道德素质,从而收到事半功倍的教育效果。

美国伊克中学的校训:"让我看,我记不住;让我听,我会忘记;让我参与,我会明白。"

道德是践行的学问,而非口头的学问。教育家杜威认为,道德教育应当在活动中培养儿童的道德品质,唯有在活动中,儿童既能掌握道德知识,又能形成道德品质。

教育其实是一个孕育、生成的动态过程,如果没有受教育者的亲自参与、操作和体验,教育就失去了诗性的灵魂和深邃的气质,只能是干涩如柴、味同嚼蜡的说教;如果离开了各种活动载体,教育就会变成没有灵魂和血肉的躯壳,其教育效果不言而喻。

操作式体验对学生产生的道德教育是深刻的,效果也是显著的。

一、操作式体验是道德教育的桥梁和纽带

操作式体验是对学生进行抽象的道德精神、道德意识、道德情感和行为习惯培养的桥梁。青少年的抽象思维和深层理解能力还处在初级阶段,对他们进行理想、意识、信念、情感及行为习惯的培养,仅靠说教等传统的教育方式在难以收到良好的效果,只有让学生在身体力行的实践操作中去感悟和积淀,并逐渐内化为自身的道德素质,才能达到教育的目的。

1.操作式体验是道德精神培植的重要途径

例如,对学生"雷锋精神"的培养。

"雷锋精神"是以雷锋的名字命名、以雷锋的精神为基本内涵、在实践中不断丰富和发展的革命精神,其实质是全心全意为人民服务,为了人民的事业无私奉献。

(1)"服务人民、助人为乐"精神的培养。

以服务人民为最大幸福、以帮助他人为最大快乐是雷锋精神的一个典型的标识,是我们今天仍然要大力弘扬的一种高尚品质。如果我们对学生进行服务人民、帮助他人这方面的教育,仅凭口头说教,即使喊破嗓子、说破嘴皮学生也理解不了,他们更体验不到服务人民的幸福、帮助他人的快乐。因此,只有让学生参与到具体的活动实践中,身体力行地动手操作,才能使他们深刻地体验到雷锋精神的实质。

为此,在学校开展的"学习雷锋"活动月期间,笔者不定期地组织学生开展义务大扫除活动。利用课外活动时间,笔者组织学生走上街头,捡垃圾,清扫街道,清理墙壁、电线杆上的涂鸦及各种乱贴乱画的小广告;到政府驻地的广场上清扫烟蒂、落叶、纸屑,拔除绿

化带中的杂草,捡拾丢弃的饮料瓶等。一个月后,杂乱不堪的街道、广场变得整洁、干净了。看着经过亲手打扫变得焕然一新的环境,听着路人啧啧的称赞声,学生觉得自己辛勤的劳动得到了社会的认可,不仅为周边的群众创造了整洁、优美的生活环境,而且也给自己带来了美感和舒适感,从内心感到由衷的高兴,真正体验到为人民服务的幸福感。

即墨省级高新技术产业开发区中学团委经常组织学生到镇敬老院开展以"尊老、敬老、爱老"为主题的献爱心活动。在敬老院里,学生热情而又耐心地帮助老人清扫房间、整理床铺、洗衣服、捏肩捶背、剪指甲、梳头,陪老人聊天,给老人讲身边的新鲜事儿,讲近期家乡发展变化的新面貌,为老人们奉献上自己精心组织、设计和编排的节目,营造了温馨、愉悦、祥和的氛围。老人们感到特别开心,从心底不断地发出由衷的赞叹:"这些孩子多懂事啊!""真是一群好孩子。"从老人们舒展的笑脸和发自内心的称赞声中,学生体验到自己的劳动为别人带来的快乐,体验到助人为乐的"雷锋精神"的内涵。就这样,"服务社会、关爱他人"的雷锋精神渐渐地在他们身上扎根、发芽并茁壮成长,渐渐地融入学生的日常生活中,根植于他们的内心深处。

北京市朝阳区垡头二小的孩子们也是在实践活动的操作中体验到"尊重老人、助人为乐"的快乐。

北京市朝阳区垡头二小"爱心小队"的六名队员在社区辅导员的启发下,来到孤寡老人胡芬兰奶奶家,帮助她收拾房间,购买食品、蔬菜,做饭……还请奶奶讲她过去的事情,大家听得津津有味。老人年轻时的艰苦和她工作取得的成绩和荣誉,深深感动和教育了他们。队员们都暗下决心,一定要让奶奶晚年生活得更幸福。在为老人唱歌、跳舞、演小品、过生日、包饺子的过程中,他们和胡奶奶建立了深厚的情谊。老人遇到麻烦时,队员们还请来街道司法科的叔叔帮助老人解决。"爱心小队"队长史文慧同学说:"我们帮助胡奶奶解决了生活困难,体验到了尊敬老人、助人为乐的快乐。看到胡奶奶很开心,我们也很开心。"

孩子们正是在帮助胡奶奶做家务、为胡奶奶表演节目的活动中,在帮助胡奶奶解决生活麻烦后,看到了自己的付出给胡奶奶带来的快乐和开心,因此才体验到"尊敬老人、助人为乐"的快乐。

（2）"勤俭节约"品质的培养。

勤俭节约是"雷锋精神"的内涵之一,也是今天我们仍需大力倡导和发扬的优良传统美德。

现在的孩子乱买零食的现象很普遍,更有的为了追求时髦、摆阔气,上初中时就买了上千元的手机玩耍,花起钱来既大方又阔绰,根本不知道节约。《中国信息报》曾载文说,一个刚上一年级的孩子,开学时向家长列出了一份清单:美国橡皮、日本自动笔、我国台湾的书包、耐克运动鞋,还有一辆"前田"牌山地车……家长粗粗一算,买这些东西也要花三四千元。中小学生向家长提出要穿、用名牌的不在少数。本次调查还展示了这样一组数据:在调查的当天,60.2%的孩子身上带有零花钱。这些孩子中带1元及以下的有44.0%,19.4%带有1.1～2元,19.6%带有2.1～5元,9.5%带有5.1～10元,7.4%带有10.1元以上,平均每人带有零花钱4.9元。值得一提的是,有33人身上带的零花钱在 50 元以上,最多的达 180 元。

由于父母的过分溺爱,许多孩子只知道"钱是妈妈给的,粮是爸爸从商店里买来的",不知道这一切的获得需要父母的辛勤劳动,也不懂得珍惜劳动成果。同样,在笔者的学生中也存在上述的一些不良现象。勤俭节约是笔者在课堂上对学生一直强调的教育主题,但收效甚微。究其原因,主要是现在的孩子只知道向父母伸手要钱、花钱,却根本不知道父母挣钱的辛苦。因此,让孩子真正体验一下挣钱的艰辛才是对他们有效地进行勤俭节约教育的关键。

于是,笔者策划了一项活动:动员学生从自己平日积攒的零花钱中拿出十元钱作为本钱,然后统一到报刊发行处批发报纸分发给他们,再让学生自己卖报纸挣钱。就这样,暑假前的一个星期天上午,笔者组织学生开展了"走上街头卖报"的活动,并提出活动结束后要比一比哪位同学卖的报纸最多、挣的钱最多。卖报活动正式开始了,学生每人抱着一大摞报纸,有的到客流量较大的车站、公共汽车上叫卖,有的到公交车站牌下叫卖,有的到医院的输液室叫卖,有的到人来人往的超市门口叫卖,还有的到镇驻地的菜市场里叫卖。"今天的新报""今天的报纸、特大的喜讯""刚出版的青岛早报"……他们一边走着,一边吆喝着,并且遇到人就主动上前搭讪,热情、有礼貌地推荐报纸。火辣辣的天,即使坐在家里不干活也会出一身汗。就这样,几个小时下来,学生个个感到口干舌燥、腰酸腿疼,但并没有挣到多少钱,有的甚至连本钱也没挣回来。平时,这些学生有的一放学就到学校对面的超市去买雪糕、冰激凌吃,而且出手大方、毫不吝啬。可现在,学生到处叫卖报纸,有的尽管嗓子干得像要冒烟似的,但却舍不得花钱去买冰激凌,有的甚至连支雪糕都不舍得买。

就这样,学生经过近半天卖报的劳累,切身体验到挣钱的不容易,知道了平时花的每一分钱都来之不易,知道了每一分钱都是父母用辛勤的汗水挣来的。同时,他们也认识到自己平时大把花钱的不对,逐渐懂得了节约的意义。日后,这些学生乱买零食、乱花钱的现象渐渐地少了。

为了让孩子体验挣钱的辛苦,懂得勤俭节约,即墨省级高新技术产业开发区柳沟创新小学孙建令老师让孩子在暑假中卖书、卖玩具。暑假刚开始,他就从网上购买了 800 元钱的儿童书刊和 700 元的儿童玩具交给了孩子。于是,每天晚上,不管天气多么闷热,这个十一二岁的小男孩都早早地来到即墨省级高新技术产业开发区政府前面的广场上,找个显眼的位置,将带的图书和玩具一一摆开,开始了正式的销售活动。尽管广场上人来人往,但真正过来买书、买玩具的却寥寥无几。他虽然每天都坚持到晚上十点,要进行近四个小时的极力推销,但也卖不了几本书和几个玩具,更不用说挣到多少钱。就这样,一天、两天……经过一个多月的努力,孩子连本带利一共才卖了八百几十元钱。通过暑假亲自卖书、卖玩具的经历,孩子深刻地体验到挣钱的不容易,也深刻地体会到父母挣钱的辛苦,知道了每一分钱的来之不易,懂得了勤俭节约。因此,他深有感触地表示,以后一定珍惜每一个本子、每一支笔、每一分钱。

美国第 56 号教室通过设立并实施独特的经济制度活动,培养学生勤俭节约的品质,即每个学生在开学的第一天就要申请一份工作来挣取一定的薪水,用来支付每个月座位的"租金",而且座位越靠前,费用就越高。如果孩子的存款金额为租金的3倍,就可以买下座位,拥有这个位子的"产权"。有些孩子会刻意攒钱买下同学的座位,然后每个月向他们"收租"。每个月的月底,全班会来一场疯狂的拍卖会,竞卖文具用品和礼券。学生必须努力工作,有所牺牲才能挣得好东西。"月底拍卖会"让学生学会了如何聪明地花钱。56号教室经济制度的实施,使学生在不断地工作、挣钱、存款、消费的实践操作中亲自体验到赚钱的辛苦,懂得了节俭和惜物,并成为学生一项终身受用的技能。其中,从第56号教室毕业的一名叫海伦的学生,在国外求学因为懂得节俭的可贵,严格遵守预算,所以没有像身边的其他同学那样发生财务问题向父母要钱,而且不仅存够了自己生活所需要的钱,还计划在回美国前去其他国家旅行。

让学生在活动的操作中体验变废为宝的乐趣,也是培养学生勤俭节约品质的有效举措。

生活中的部分废旧物品仍有可利用和使用的价值,如果随手扔掉不仅非常可惜,还容易滋长人的浪费意识。要解决学生对废旧物品的回收利用问题,关键是要让他们真正感受和认识到废旧物品的价值和用途。于是,笔者在班里开展了"废物再利用"发明创造大PK活动,让学生把平时有意积攒的废旧物品清洗干净后带到教室,重新进行设计创造并参加比赛。这时,他们展开丰富的想象,勇于创新,大胆设计,有的将易拉罐做成漂亮的笔筒或造型美观的小篓子、烟灰缸,有的将大个的塑料饮料瓶做成挂式花盆,有的将用完的纸杯做成喜庆的灯笼,有的用废纸壳和旧报纸制成美观、精致的课程表等。当学生看着一件件废旧物品经过自己的创造和设计变成了一件件美观、精致、实用的艺术品时,都非常兴奋。这时,他们真正从内心体验到"变废为宝"的快乐,认识到废旧物品的可利用价值,同时也意识到乱扔废旧物品是一种浪费行为,懂得了勤俭节约。从此,学生随意乱扔废旧物品的现象渐渐少了;相反,许多平时用完的物品都成了教室里的装饰品、家里摆放的艺术品、学生课桌上的学习用具。

2. 操作式体验有利于培养学生的道德意识

(1)合作意识需要在学生操作式体验的基础上培养。

生活是生命体为生存和发展而进行的活动,它绝不可能是单个人的活动,必定是与他人、社会发生内在联系的活动。在生活中,人与人之间的交往是不可或缺的。没有任何一个人能够完全脱离和他人的联系而独立存在于这个世界上。这就需要生活中的每个生命个体都要具有基本的合作意识和交往能力。而现在的学生大多是独生子女,从小在家被爷爷、奶奶宠着,做事往往以自我为中心,我行我素,再加上平时缺少与同龄人的交往、沟通,不愿意也不懂得与他人合作;一系列电子产品的诞生,造就了一大批宅男宅女,整日窝在家里对着电子屏幕打发时间。这些都阻碍了学生之间的正常交流和有效合作。但是,要培养学生的合作意识与合作能力,并不是几堂班会课就能立竿见影解决的问题。只有让学生在实践活动中体验到合作的重要性,才能使他们心甘情愿地接受关于合作意识的培养和教育,并逐渐培养起合作意识和合作能力。

正如某位专家所指出的,"活动,特别是协作活动是儿童道德发展的根源和动力"。为此,笔者组织学生先后开展了两人绑腿跑、篮球、足球、排球等群体性较强的体育比赛活动。两人绑腿跑比赛,即把学生分成两队,比赛时,每队均出两人参赛,将其中一人的左腿和另一人的右腿绑在一起跑。学生刚开始跑时经常跌倒,但在跑的过程中慢慢地意识到只有两个同学步调一致、相互配合,才不至于在比赛中跌倒,才能跑得更快一些,取得好的成绩。在篮球、足球等团体性比赛中,学生开始时喜欢单打独斗,不知道与队友配合、合作,但经过几场比赛,他们也逐渐意识到仅靠个人的力量,即使水平再高也很难取胜;只有前锋、中卫和后卫相互协调、密切配合,及时用肢体语言和眼神进行有效的沟通和交流,努力达到队员之间的默契配合,才能百发百中地接球、传球、扣篮,才能击败对方取得胜利。

就这样,开展了几次体育活动后,学生真切地感受到了集体力量的强大,亲身尝到了合作共赢的甜头,体验到团结的力量、合作的意义和团队精神的重要性,渐渐地树立起合作意识,也增强了与同学之间交往合作的能力。这是教师以任何美妙而空洞的说教都难以达到的效果。在以后学校组织的合唱比赛、校园集体舞比赛等活动中,学生都积极参与,共同出谋划策、制订切实可行的方案;在比赛中相互配合、协调一致,共同追求声音的悦耳和谐、动作的整齐划一,真正做到在合作中产生智慧、在合作中创造佳绩。

(2)公平意识的培养需要建立在操作式体验的基础上。

这是即墨省级高新技术产业开发区中学于瑞英老师的教学案例。

周四上午的品德课于瑞英老师要讲九年级《思想品德》(山人版)第一课《公平、正义——人们永恒的追求》。这一课的知识较抽象,学生往往不容易理解和接受。那么,怎样才能使学生真正认识到公平的重要性呢?于老师认为,最有效的办法是让学生反过来体验一下不公平的弊端和危害性,以此来进一步感受"公平"的重要性。于是,她决定开展一次不公平的活动——拔河比赛。周三下午第四节活动课,她将全班51个学生(男25人,女26人)带到学校的操场上,按照人数分成两队。其中A队26人(男13人,女13人),B队25人(男12人,女13人)。为了追求人数上的公平,于老师又将学校五大三粗的体育教师——彭老师请来,加入了B队。比赛开始了,尽管A队学生咬牙切齿、十分努力,最终还是以0∶3的结果输给了B队。这时,A队同学个个满腹牢骚:"体育老师的劲儿太大了,一个得顶我们好几个,给B队加上他,太不合理了,太不公平了!""就是就是,老师这不是明向着B队吗?"……看样子,学生已经认识到这次拔河比赛的不公平了,已经体验到不公平对他们造成的不利影响了,认识到不公平的弊端了。这正合于瑞英老师的心意。

第二天,在讲授《公平、正义——人们永恒的追求》一课"我们向往公平"这一部分时,她首先引导学生谈谈对"公平"的认识。A队学生都深有感触。他们结合前一天的拔河比赛,深刻地谈了自己内心的真实感受。有的说,不公平的比赛即使赢了也不光荣;有的说,不公平的比赛对A队同学造成了一定的伤害,打击了他们参与活动的积极性;有的说,只有公平的比赛,赢了才能使人口服心服;还有的说,希望以后不管干什么事,都要做到公平、公正……就这样,学生在你一言我一语中,很有体会地谈出了对公平的理解和认识,深刻地认识到公平的重要性。本部分内容的教学目的就这样轻而易举地达到了。

笔者想,如果没有于瑞英老师精心设计和组织的那场特殊的拔河比赛,没有学生的亲身参与和内心的真实感受,他们对不公平的危害就不可能体验得那么深刻,对"公平"的认识也不可能这么深入,对公平的理解也不可能这么透彻。

3. 良好行为习惯的养成也离不开操作式体验

良好习惯的形成,不是轻而易举的,也并非是一朝一夕的事情。学生只有亲身体验到良好行为习惯给自己带来的益处,才能充分认识到良好行为习惯的重要意义。可以说,体验到良好行为习惯的益处是学生良好行为习惯形成的内驱力。

《德育报》刊登了山东省临沂市第八实验小学以"开心银行"为平台,以"开心币"为载体,通过学生每日的存储活动来引领学生养成良好的行为习惯。学校设立了行长,各班主任担任分行长、储蓄员、监督员。学生人手一本"开心银行"存折,用于每日每周好习惯的存入与支出。学生平时的表现都会以"开心币"的币值记录在相应"分行",换算成"账目"汇总到"总行",个人积累 50 分币可兑换一枚"一级开心奖章——少尉章",100 分可兑换一枚"二级开心奖章——中尉章"……依次类推,若获得"十级开心奖章——上将章",同时还将荣获校长特别奖——任职"值日校长"。"值日校长"的权利可大了,可参与学校管理(如查早读、路队、两操及学生的行为习惯)、优先参与国旗下讲话、优先参与外出的活动等,还可优先评选校"十佳少先队员"和参与更高级别的优秀学生评选。当然,如果学生做错了事,也要在"开心银行"的存折里"做减法",这样可以引导学生自我纠错。

分行储蓄员将"存款"按周、月、学期换算成分数并汇报给"分行长",用于学期末的各项评优。

在参与操作"开心银行"的存储活动中,学生充分感受和体验到良好的行为习惯给自己带来的诸多益处,提高了对良好行为习惯的认识,产生了浓厚的兴趣,积极关注自己的"银行存款",家长们也纷纷被吸引来当孩子的"理财"顾问。

总之,学生在"开心银行"活动的实践操作中获得了体验,提高了认识,从而形成了良好的行为习惯,开启了精彩人生的序幕。

4. 操作式体验是培养学生道德情感的有效方式

培养学生热爱经典文化的情感,也需要建立在对经典的深刻体验的基础上。

"文化是人存在的根和魂。"经典文化博大精深,承载着中华美德,传承着华夏文明,是一部丰厚的精神读本,是引领我们走进精神家园的导师。只有组织学生在活动中亲近经典、走进经典、融入经典,才能使他们感受到经典的魅力,使他们的灵魂得到润泽、性灵得到滋养、生命得到启迪和激励,"涵养内在精神,追求真善美的统一,发展成为有宽厚文化基础、有更高精神追求的人",同时培养起学生热爱经典文化、热爱祖国的真挚情感。

近几年,即墨省级高新技术产业开发区中学开展了"经典诵读伴我行"活动。学校要求每个学生每周都要诵读 2～3 篇经典作品,或诗歌,或散文;在每周一的升旗仪式上,以年级为单位声情并茂地背诵 1～2 篇,然后由学校语文老师从读音、语调、感情表达等不同方面做出精彩点评,多年如一日坚持不懈。这样,三年初中生活,每个学生不仅能背诵出大量的经典作品,理解其精神内涵,而且从中也受到了"仁义礼智信""温良恭俭让"等深刻的道德教育。

通过经典诵读活动的开展,校园里到处洋溢着经典文化的气息,飘荡着五千年文明古韵的香气,跃动着传统美德的音符。学生深深地感悟到经典作品的厚重、深邃和大气,体验到中华经典丰厚的文化底蕴和博大精深的内涵,心灵经受了经典的熏陶和洗礼,情操受到了经典的净化和陶冶,生命得到了美德的浸润和涵养,激发了探究、学习经典文化的热情,增强了对经典文化、对祖国深厚的爱。

二、操作式体验道德教育的相关要求

操作式体验是学生在实践活动的具体操作过程中产生的,活动的内涵和质量直接关系到体验的深度和道德教育的效果。因此,进行操作式体验教育,对于所开展的活动不论在内容、形式上,还是在质量上都应该达到一定的要求。

1. 要以学生的现实生活为基础

生活是教育的"母乳",学生逐步扩展的生活是思想品德成长的丰厚土壤,完全离开人的生活经验的教育往往是"空中楼阁",这正如陶行知先生所倡导的"生活即教育"。中国传统教育一直强调在生活中接受教育,从洒扫、应对开始,在待人接物中接受教育、实现成长。

而且,道德教育和现实生活也有着密切联系。道德教育与生活相结合,能使受教育者明白良性道德确实是人的生活之必需,并非可有可无而强加给受教育者的;道德教育与受教育者的生活相结合,使受教育者有一定的情感基础和认知基础,变被动为自觉,更容易理解和接受教育,甚至能达到事半功倍的效果。相反,离开了学生的现实生活的教育是没有生机与活力的,是苍白无力的,学生不仅难以认同和接受,而且容易产生抵触情绪,更无法激起他们的兴趣。

朱小蔓教授指出:"不存在从生活整体及学校教育整体抽离出来的德育。道德教育是和其他教育,与生活交织、渗透在一起的。"

因此,操作式体验只有在学生真实的生活中才能体验得深刻和真挚,才能产生强烈的情感共鸣,才能产生良好的教育效果。

平时,笔者积极组织学生走进他们所熟悉的、有着深厚感情基础的现实生活中,从小处着眼、细处着手,开展一系列丰富多彩的活动。

在农村,传统的民间艺术盛行,如剪纸、泥塑,制作布娃娃和泥老虎等。冯骥才曾说:"民间文化是一种母亲文化,它是我们的根,它融入了我们的血肉,给了我们情感。"平时,笔者引导和鼓励学生利用周六、周日的时间深入农村各家各户,向心灵手巧的老奶奶学习传统手工艺术。老奶奶们面对面地讲解技术要领、手把手地指导学生操作。学生在学习做布娃娃、剪纸、泥塑等手工作品的过程中,亲身感受到家乡人高超的手工制作技艺,体验到家乡民间丰富的传统文化和独特的艺术魅力,身心受到传统文化的浸润和艺术美的熏陶。同时,这些活动培养了学生发现、感知、欣赏、评价美的意识和基本能力,培养了他们健康的审美价值取向。学生都深深地爱上了这些传统的手工艺术创作,纷纷表示:一定要好好学习,将家乡这些民间艺术创作传承下去,发扬光大。对民间手工艺术的学习和实践,增强了学生对民间艺术的热爱、对家乡勤劳质朴的人们的爱和尊敬以及对家乡的爱。

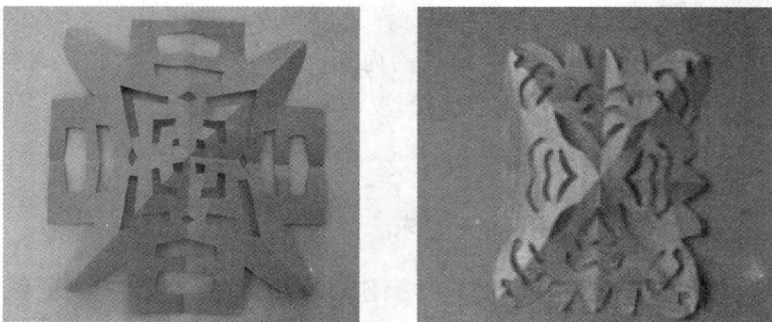

学生自己动手剪的四春图、窗花

同样，前苏联帕夫雷什中学的学生也是在生活中与小动物培养起深厚的情感，认识到生命的可贵。

苏霍姆林斯基把情感视作道德发生的基础，强调要"重视人的同情心、善良、怜悯、敏感性、友谊、义务感、责任感"，认为它们"能够增强精神情感力量，这些情感力量微妙地交织在一起，进而达到高尚的情感激动。只有这些情感的培养才能使道德概念变为信念"。

在校园偏僻角落的一间小茅舍里，折了一条腿的狐狸，伤了眼睛和撕裂了耳朵的两只小兔，一条水赤练蛇，一只刺猬，带着几只小猫的老猫，被主人抛弃而被孩子们捡回来的小狗，被打伤翅膀的野鸭，不慎从巢窝里跌落在地上的幼小家燕和麻雀，都得到了孩子们的精心照料和悉心保护。正是在这间十分简陋的茅舍里，孩子们体验到受伤小动物的疼痛，体验到被抛弃小动物的痛苦和可怜，体验到生命的可贵，产生了怜悯之情，并能以自己的实际行动去尊重生命、关爱生命、呵护生命；同时，在每一个孩子的心灵里培养了善良的品质。

劳动是学生生活中最常见、最熟悉、最普遍的生活方式。

关于劳动的作用，教育家们都有一定的认识。

"劳动——这是道德和审美的最佳良药。"（安那托尔·法朗士语）

前苏联教育家马卡连柯提出，劳动教育的最大益处在于能促进个体精神和道德的发展。

我国教育家陶行知认为："劳动教育的目的，在谋手脑相长，以增进自立之能力，获得事物之真知及了解劳动者之甘苦。"

总之，学生通过参与劳动操作，能够得到一定的磨炼，获得真实而又深刻的体验，认识到劳动的意义，懂得珍惜劳动成果，懂得节约享用劳动的果实，并受到吃苦耐劳、意志力培养等深刻的道德教育，从而"具有积极的劳动态度和良好的劳动习惯，具有通过诚实合法劳动创造成功生活的意识和行动"等核心素养。

家务活是每个孩子应该积极面对的事情。有时候，笔者让学生利用星期六、星期日的时间，自己在家收拾房间、摆放物品、拖地洗碗、洗衣做饭等，并把自己辛勤的劳动成果拍成照片，然后把劳动的整个过程及劳动中的体验、感想写下来，最后将照片和文章分别在班级进行展览、交流。这样，学生经过亲手操作，不仅体验到劳动的辛苦，而且体验到劳动成功的喜悦,还体会到劳动的乐趣,对劳动渐渐产生了感情,并受到珍惜和尊重劳动成果、热爱劳动等方面的道德教育。

《重庆商报》报道:坐落在加利福尼亚州沙漠一个峡谷里的美国深泉学院,扎实践行流传至今的校训:劳动、学术、自治。整个校园就是一个自给自足的农场,学生在校期间要利用学余时间盖房子、种地、养牛、养鸡,满足平时日常生活的需要。该学院将劳动能力、公民意识放在教育本位,让学生成为人格健全、完善并善于担当的公共型人才。

经过盖房、养牛等艰苦劳动的历练,孩子们体验到生活的艰辛和劳累,更加珍惜学习机会,进行不知疲倦的继续跋涉和坚守。这样,他们在未来生活中就能积极担当、笑傲挫折、不言退缩。同时,孩子们在参与学校的公共服务、公共事务的管理过程中,提升了公共认知能力,对公共生活、教育管理敢于发表意见、直陈利弊,培养和提升了作为未来公民应该具有的责任感、公共良心和公共参与能力。

不仅国外,国内有些学校也十分重视学生的劳动体验式教育。

杭州市富春第七小学提出了"新劳动教育",学校将学科教学融合"农事"活动,开发与实施了"田园大课堂——农事特色"综合实践系列课程群,将劳动教育的种子深深地播进孩子们的心里。

新劳动实践课程分为开心农场、生活整理、亲子合作三大课程,每一类课程群下分成若干小课程。例如,开心农场课程群中就包含五大板块的 10 余个小课程,它们都是围绕"农事"开展的实践体验活动课程,目的是让每一个孩子都能够在活动体验中"走进田野、体验劳作、分享爱心、快乐成长"。比如,其中的农具博物馆课程,学校在农具博物馆放置了 200 多件各类农具,多是孩子们从来没见过的农耕用品,有独轮车、蓑衣、斗笠等,让孩子们在"亲眼看一看,亲手摸一摸,亲自用一用"中体验农耕文化。

在原有课程体系不变的情况下,学校将多出来的劳动课程结合项目制学习和主题活动,拓展课堂时空,将"农事"实践课程整合到所有学科教学中。"这么一来,田野是课堂,自然是课堂,家庭是课堂,社会是课堂,真正践行了陶行知先生的生活教育理念。"校教科室主任戴君说。(摘自《浙江教育报》2016.5.23)

2. 要注重学生体验的深度

学生对道德教育内容的接受,首先取决于他们对这一内容的认知程度,而认知程度又取决于学生体验的深度。

因此,在活动中要注重学生体验的深度及其产生的效果。一般来说,在活动的过程中,学生身心获得的体验越深刻、越丰富,对问题的认识就越清晰,对问题的理解就越深刻,学生的德性内涵就越饱满,产生的教育效果也就越显著,即能把表层的感受引向意义的价值层面,从而完成"内化"的过程。朱小蔓教授强调,只有当人从内心体验某种价值,或产生认同、敬畏、信任的情感,或产生拒绝、厌恶、羞愧的情感时,才谈得上道德学习和道德教育的实存性。相反,如果体验太肤浅,如同隔靴搔痒、蜻蜓点水仅仅停留在表层,学生就很难获得深刻的认知,也不会完成道德的内化过程。

对学生进行教育,让学生在亲力亲为的实践操作中获得真切的情感体验,在深刻的体验中认识到自身错误，在错误中接受教训并改正错误，这种方式的教育肯定不会使学生在以后的生活中再犯雷同的错误。下面这两个案例对我们很有启发意义。

马云巧戒儿子网瘾

一是《德育报》曾报道的马云欲擒故纵，巧妙戒除儿子网瘾的事例。马云的儿子马超12岁时迷上了网络游戏，跟着同学泡在网吧舍不得回家。马云思来想去，决定不跟儿子硬碰硬，而是采取了"欲擒故纵"之计。

那时正值暑假，他给了儿子200块钱，说："我现在允许你去网吧玩电脑游戏，玩上三天三夜再回来，但回来的时候必须回答一个问题——找出一个玩游戏的好处。"马超顿时欢呼雀跃。过了三天，马超猛吃了一顿又大睡了一觉，这才向马云汇报心得："又累又困又饿，身上哪儿都不舒服，钱花光了，但是没想到有什么好处。"马云将计就计，反问道："那你还玩得这么欢，还舍不得回家？"马超终于没话说了。就这样，在母亲的监督下，马超将网瘾戒掉了。

一个人能否获得真实的感受，一个重要的标准就是看他是否"动真情"。受教育者只有"动真情"，体验的内容才会在他们的心灵中留下深深的印记。"又累又困又饿，身上哪儿都不舒服。"是马超三天上网"动真情"的感受，因此他受到了深深的教育，戒掉了网瘾。

纸飞机换小汽车

一个中国母亲领着5岁的孩子去公园游玩，儿子用一架仅值5美分的纸飞机换回了小朋友的一辆至少20美元的玩具小汽车。当这位母亲找到那位小汽车的主人——德国小孩和他的妈妈时，这位德国母亲并没有责怪孩子，只是说："过会儿我会领孩子上玩具店，让他知道那辆小汽车的价钱能买多少架纸飞机，这样他就不会有第二次了。"

或许，知道小汽车与纸飞机价格的巨大差距后产生的强烈的心理体验，会使这位德国小男孩深刻铭记，甚至终生再不会犯类似的错误。

3. 要有趣味性和挑战性

学生对道德教育内容的接受，不仅取决于认知程度，更取决于他对这一内容的情感和兴趣。

组织学生开展的活动具有丰富的趣味性和强大的吸引力，才能激发起学生参与的兴趣。同样，开展的活动具有一定的挑战性，才能激起富有好奇心、探索意向和冒险精神的学生参与的热情，并在活动中表现得坚强勇敢，为战胜困难付出超常的毅力和不懈的努力。通过身心很投入地参与实践，道德教育才能与受教育者的生活发生内在的联系，受教育者才能有更深刻、更丰富的情感体验，才能产生情感的共鸣，才能更好地理解、领会其中的道德内涵。总之，只有富具趣味性和挑战性的活动，才能点燃学生的激情；学生只有全身心地投入活动中，才能获得深刻的道德体验，产生强烈的道德情感，受到深刻的道德教育。

2015年夏季，即墨省级高新技术产业开发区教育办组织学生以学校为单位，到即墨市青少年教育培训基地参加为期一周的实践活动。活动的形式主要有攀岩、陶泥、演练、农场劳动、飞机模拟比赛等。通过丰富多彩的活动，经过自己的亲手实践操作，学生深有感触和体会，深受教育。在空中攀岩时，学生双手紧紧抓住攀头儿，在费力地向上攀登中深刻体验到攀岩的艰难，锻炼了胆量，树立了敢于挑战困难的勇气和信心。陶泥、中国结制作，让学生在动手操作中充分体验到家乡民间传统手工制作的高超技艺，增强了对民间艺术的热爱和对艺术美的追求。农场劳动，炎炎烈日下，学生走进桃园，提桶给桃树浇水，俯下身子给桃树除草。他们个个满头大汗，体验到了"汗滴禾下土"的劳累与辛苦，懂得了每粒果实的来之不易。地震、消防演练，学生在逼真的模拟情境中体验到火灾、震灾给人类造成的巨大危害，体验到生命的可贵，同时也增强了自我保护意识和自护自救能力。飞机模拟比赛，学生个个趣味十足，争先恐后，亲手操作飞机模型参加比赛，从而体验到模拟飞行活动的乐趣，引发了他们对太空的好奇和探究的欲望，增强了他们对祖国航天事业的向往和热爱。

2016年11月下旬，即墨省级高新技术产业开发区中学组织七年级全体学生到即墨市中学生实践教育基地参加了一系列体验教育活动，主要有家政体验、警务体验、创意电子电路设计、排列多米诺骨牌等。因是初次参加这样的活动，学生兴致很高，都全身心地参与到活动中，获得了各种深刻的体验。家政体验活动，学生通过做花卷、馒头等面食，体验到劳动的快乐，增强了爱劳动的情感；通过洗刷餐具、擦拭餐桌、拖洗餐厅地面，学生体验到家务活儿的繁杂，体验到父母操持家务的不容易，培养了学生体贴父母、感恩父母的意识。警务体验活动，学生通过穿警察制服、模拟警察审理案件、抓捕违法犯罪分子，体验到法律的严肃和神圣，增强了对法的认识，提高了遵法守法的自觉性。创意电子电路设计活动，学生大胆创新，在亲自动手操作中，体验到自主发明创造的乐趣，培养了学生的思维创新能力和科学探索精神。多米诺骨牌排列活动，使学生认识到一个最小的力量引发的可能是翻天覆地的变化。学生在操作过程中体验到坚持的重要性和团队的力量，培养了学生坚持不懈的意志力和团结互助的团队精神。

"游戏"是体验式道德教育的重要形式。被誉为"中国的夏山学校"的洛阳市西工区西下池小学坚持"把教育做成伟大的游戏"的理念，开展了荡秋千、攀岩、玩沙子、背娃娃等实践活动，让学生在活动中体验快乐、自由、爱、平等、规则意识。如荡秋千时，秋千架旁排起长长的队，每轮到一位，其他孩子会静静地等待。坐在秋千上的孩子荡到20下时，就会自觉下来，依次轮换，将"等待"的规则很自然地植入孩子心里。等待不仅是一种风度，更是一种美德。试想，这样的孩子到社会上会扰乱秩序吗，排队会加塞吗，开车会闯红灯吗？攀岩墙则成为培养孩子勇敢、专注力、意志力等品质的教育阵地。玩沙子，是采用意象的创造性治疗方式，把无形的心理活动以某种形象的方式呈现出来，从而使学生的心理问题得到解决，人格获得发展。

新加坡经典的"荒岛求生"训练属于一种富有挑战性的活动。学校要求每位中学生在中三（相当于初三）必须参加野外生存训练。学生要在新加坡主岛外的一个名叫乌敏岛的荒岛上，完成为期一周的生存练习，其间有攀岩、丛林探险、制作竹筏和划皮艇绕岛一周等难度相对较高的活动，让学生在活动的实践操作中获得深刻的体验，体验到野外求生的艰辛和难度，从而培养和增强自己的独立生存能力。

4. 要突出学生在活动中的主体地位

在道德教育中，学生只有处于主体地位，才能充分发挥自身的积极性、主观能动性和创造性。学校组织的活动要想充分调动学生的积极性和主动性，引导他们主动、积极地参与进去，必须突出学生的主体地位。为此，要让他们以主人翁的姿态参加丰富多彩、生动活泼的实践活动，真正地动起来；要触发他们的每一根神经，加速他们每一根血管中的血液流动，激活他们身上的每一个细胞，使他们全身心地投入活动，在活动中诱发真情实感、产生真正的感动。这样，学生在活动中才能产生真实的感悟和深刻的体验，引发强烈的道德情感，受到深刻的道德教育，德育目标才能真正内化为学生自身的基本素质。

广东省深圳市宝安区坪洲小学不断挖掘和提升升旗仪式的精神和内涵。在保持升旗仪式庄重性、神圣性的前提下，学校尝试着让学生成为升旗仪式的主导者，让他们自己确定主题和形式，自己主持升旗仪式，自己写发言稿，自己写宣誓词，自己编排节目上台表演。（《德育报》载）

"让事实在孩子的心灵上产生蕴含于其中的道理。"（罗素语）学生通过亲自主导、主持学校升旗仪式，亲手操作仪式中的各项工作，精力会更旺盛，注意力会更集中，责任心会更强，工作会更投入、更富有激情，在庄严神圣的氛围中能更深刻地体验和感受到祖国的神圣和伟大，能进一步增强爱国热情，激发报效祖国的斗志和使命。

山东省淄博市临淄区实验中学以学生为主体，精心设计了"尊老爱亲"德育作业，推行"孝心五个一"活动：要求学生每天对父母有一句温馨问候、每天给父母端一杯热茶、每天与父母进行一次亲情谈话、为父母真诚服务一天、假期中为家里做一次饭；开展"今天我当家"活动，与家人一道打扫卫生、采购年货，帮助家人张贴春联、窗花及挂福字，体验家长角色，增强责任意识、担当意识，争做父母好帮手。这样以学生为主体，能够充分发挥学生的主人翁意识，使他们在积极主动的参与中，在亲自动手操作中，充分感受到家的温馨和浓浓的亲情，体会到父母的艰辛与不易，加深对孝敬父母的认识。

5. 要根据学生的兴趣、特长组织和开展活动

在道德实践中，兴趣是自觉行为的动力。根据学生自身的个性特长、兴趣爱好来组织和开展活动，能充分调动学生参与的积极性、主动性，充分发挥学生自身的优势，做到人尽其才、才尽其力，并使学生在兴致盎然的自主活动中自然而然地产生真挚的道德情感，获得一些较为深刻的体验，受到相应的道德教育。

正如 20 世纪中叶以来西方一些道德理论学说所指出的，个体的参与和自主活动是道德发展的前提。在他们看来，不但没有主体参与就不可能有真正道德的发展，而且即使有主体的参与但不是自觉自愿地参与，也不可能有真正道德的发展。

《浙江教育报》曾有过这样一篇报道：为了让学生在体验与历练中获得成长，杭州市建兰中学搭建起丰富多彩的体验课程"超市"，让孩子们根据自己的个性特长、兴趣爱好，自由选择活动课程、自主体验。在这个大型的体验"超市"中，活动众多，既有公益慈善类的如环保宣传、公益朗诵、慈善拍卖等，也有兴趣特长类的如五彩社团活动、英语周、劳技周、

体育节等,还有社会活动类的如辩论赛、朗诵赛、"学长回校日"、小作家分享沙龙、"跑男进建兰"等。孩子们根据自己的兴趣爱好,在 选择、参与自己喜爱的、饶有兴趣的活动中,身心获得了真切的体验,培养了良好的道德情感,提高了道德认知水平,道德素质得到了积淀和提升。正如校长饶美红所说的,"尊重、平等、感恩、责任、爱等德育要求,唯有通过体验课程这个平台,才能润物无声地帮助学生唤醒自我意识,进而培养他们的自律品质和自主管理能力"。

6.要与社会实践相结合

(1)走进社会开展实践活动。

体验式道德教育的源头活水存在于社会大系统之中,社区文化、社会实践活动、家庭生活,到处都有道德教育的资源,要充分地挖掘和利用。

其中,社会实践活动是对学生进行体验式道德教育的重要载体。"自然的人"要变成"社会的人"离不开实践体验。脱离了波澜壮阔的社会生活,学生就不能在体验中完成社会化的进程。因此,学生只有深入到形式多样的社会实践活动中,才能不断地加深对社会的认知,认识到纷繁复杂的社会关系,体验到社会主义大家庭的温暖,体验到社会公德、社会秩序、和谐的人际关系的重要性;才能遵守社会规则,培养良好的社会责任素养,才能懂得感恩、知道奉献,树立起正确的社会价值观;才能做到与他人、与社会、与大自然的和谐相处。

朱小蔓教授非常认同这一观点,她强调:"道德教育一定要让学生走出课堂,进入广阔的社会生活中去,在其中感受生活世界的各种关系,践履美德,选择符合个性德性的行为方式,在实践活动中发生道德体验。"

习近平总书记非常重视社会实践在人们道德教育中的重要作用。他在主持中共中央政治局学习社会主义核心价值观时指出:"一种价值观要真正发挥作用,必须融入社会生活,让人们在实践中感知它、领悟它。要注意把我们所提倡的与人们日常生活紧密联系起来,在落细、落小、落实上下工夫。"

这就需要教师创造各种各样的机会,让学生接触更加真实的社会,放眼更加广阔的空间,体验更加丰富多彩的生活,以促进学生健康人格的形成,促使学生更加深刻地体悟生活和生命的意义,从而形成积极健康的价值观、人生观和处世观。

有的学校充分认识到社会实践活动的重要性,通过积极组织学生开展主题鲜明、形式多样、目的明确、内容丰富的社会实践活动,对学生进行不同形式的道德教育,收到了明显的教育效果。

① 济水一中以"中国梦"为主题,开展实践活动。

河南省济源市济水一中以"中国梦"为主题,以"思想道德＋综合素质"建设为主线,通过系列化设计,积极组织学生参加各种实践活动,进社区宣讲文明知识,到农村体验新农村生活……在社会大舞台上挥洒汗水、激扬青春、奉献社会,把自己的小梦想汇入社会的大梦想,形成了"月月有主题、周周有活动,人人有角色、班班争先进"的浓郁氛围。这些活动,让学生体验和意识到帮助别人、奉献社会、提升自己也是一种梦想,并且是实现中国梦的重要力量。

② 六安路小学以当一回"社会人"为目的,开展实践活动。

合肥市六安路小学组织学生积极开展社会实践活动:学生走进社区,倡导"低碳过年,拒绝雾霾"的环保理念;组队去看望孤寡老人;组成志愿宣传小队,向路人讲述雷锋故事、畅读雷锋语录、宣传雷锋精神;"寻红记"慰问小队到老红军家中给他们带去精彩的慰问节目;走上街头,表演自创的社会主义核心价值观童谣、秀手语操,用实际行动宣传文明创建,等等。这些形式多样的活动,使学生能够多角度、多层面地接触社会,切切实实当一回"社会人",深刻地体验不同社会角色的责任、义务和担当意识,加深了对社会的认知,懂得了如何感恩父母与身边的人,增强了辨识能力,逐步树立起正确的人生观和价值观。三年级学生潘姚笛是社会实践活动的积极参与者,各种锻炼机会让她改变了很多:以前放学回家,书包、衣服随手扔,家务活从不沾手;"参加了一系列关爱老人、走进福利院等活动之后,他学会体贴人了,生活中也学会考虑他人的感受",妈妈汪文说。

(2)在学校中开展社会化实践活动。

杜威认为,学校生活社会化,是进行道德教育的最基本的条件。他要求把学校办成雏形的社会,让儿童在这个"小社会"里养成"大社会"所需要的兴趣和习惯。

其实,学校就是一个小社会,在学校中我们也可以组织学生开展内容丰富、形式新颖的社会实践活动,对学生进行不同内涵的道德教育,使他们形成一些社会需要的道德素养。

① 清华附小开展"我来挣5元钱"活动。

清华附小学生在学习《品德与社会》课"珍惜别人的劳动果实"一课时,针对孩子们缺乏具体的生活支持的现实,老师们设计了"我来挣5元钱"的活动。学生通过到食堂洗盘子、去旅游景点捡垃圾、在清华园中卖艺等不同方式的实践操作,亲身体验到挣钱的不容易,从而深深地懂得了要"珍惜别人的劳动果实"的道理,而且学生的道德认知、道德情感是在生活体验中形成的,是通过"自我教育"得来的,因此效果特别显著。(《教师月刊》载)

② 即墨市八里庄小学开展"赶大集"活动。

即墨市通济街道办事处八里庄小学举办的第四届"实践节"系列活动之"赶大集"活动于2016年10月13日下午在学校操场上热火朝天地展开。此次实践活动以"诚信交易,学会理财,创造财富,增强交际"为活动宗旨。30个摊位在操场上有序排列,各摊位前竖立着新颖精致的招牌和醒目的标语,如"爱心小商场""淘宝大集""诚信待人,公平交易"……计算器、文具盒、课外书、水杯等琳琅满目的商品陈列在展示台上,学生穿梭于各摊位前挑选自己喜爱的商品。各种商品引得学生们驻足,仔细地衡量着自己可以用何物作为交易品。叫卖时的吆喝,介绍商品时的专注,达成协议时的欢笑……每一个神情、每一种声音无不传达出学生内心的满足与喜悦。

在这样的实践活动中,学生的闲置物品得到合理的处理,不仅提高了物品的利用率,而且使学生在交易的过程中体验到沟通交流、团结合作的意义,体验到诚信待人的重要性,培养了与人交往、适应社会和自我生存的能力。

第二节　角色体验道德教育

人只有真正进入角色，承担起该角色应尽的义务和责任，才能切实体验到该角色工作的酸甜苦辣，认识到该角色工作的性质，体验到该角色实际承担者承受的心理压力和复杂的心理感受，感悟到该角色实际承担者的生存处境、生活方式和道德境界，加深对该角色的认识、认可和理解，从而提高道德认识、增强道德情感、形成良好的道德行为。

角色体验大致可以分为角色扮演、模拟体验、职业体验、换位思考、换位体验等形式。

一、角色扮演

角色，本指戏剧或电影、电视中演员扮演的剧中人物。（《现代汉语词典》）

在"百度百科"中对角色扮演是这样解释的：

角色扮演（role-playing）：是一种心理疗法，是由精神病学者莫雷诺提出的，是由来访者通过角色扮演来改变自己已有的行为或者是学习到的新行为，促进产生相应的认知改变。

在本节中，角色扮演主要是指学生通过扮演一定的角色，直接参与或从事该角色所从事的工作或完成所承担的任务的活动。

在角色扮演中，人们能亲身体验和实践他人的角色，从而能够更好地理解他人的处境，体验他人在不同情况下的内心情感，同时反映出个体深藏于内心的感情。

角色扮演的主要目的是通过扮演相关的角色，转变和提高对该角色的认识，从而产生一定的情感，并受到相应的道德教育。

为了实现通过角色扮演进行道德教育的目的，我们对角色扮演者提出了一定的要求。

1. 角色扮演者要真正做到身体力行

扮演者只有真正地进入角色，身体力行地实践该角色所从事的工作或完成所承担的任务，才能获得真实而又深刻的体验，加深对该角色的认识及对该角色所从事的工作性质的认识，增强对该角色所从事的工作的理解、认同和支持，并对该角色的实际承担者产生一定的情感，提高自己的道德认知水平，同时感悟到一些做人做事的道理。

现在很多中小学生视交通规则为儿戏，闯红灯、不走斑马线、不听从交警指挥的事情时有发生。为了杜绝这种现象的发生和蔓延，提高学生的交通安全意识，即墨市第二十八中学在学校里成立了小交警队。该小交警队多年来一直与即墨市交警大队保持共建关系，而且每年都邀请交警到校培训新成员，进行交通法规知识培训。学校经常组织小交警队员利用假期走上街头协助交警值勤，切身体验交警工作的艰辛。烈日下，他们个个身穿橙黄色的背心，戴着红色的太阳帽，站在十字路口，模仿交警的动作打手势，挥动着小红旗不停地指挥着来来往往的车辆和行人。再加上休息日的车辆和行人格外多，一上午下来，他们觉得又饿又渴又累，不仅腰酸，而且腿痛、胳膊痛。学生深有感触地说："没想到，指挥一上午交通这么累。交警叔叔天天这样工作，真是太辛苦、太不容易了！我们以后一定要对得起交警叔叔的工作,认真遵守交通规则。"

半天的交通协助指挥,使学生从内心体验到交警工作的苦与累。大家纷纷表示:以后一定要认真遵守交通规则,听从交警指挥,做到不抢行、不逆行、不闯红灯,做个文明的行路人,并且努力协助交警叔叔维持好当地的交通秩序。

京客隆超市是北京市朝阳区垡头镇较大的商场,被确定为少先队员社区体验基地。商场为队员们提供了导购员和收银员助理两个岗位,休息日学生都争着到这里来为顾客服务。北京市朝阳区垡头一小的学生李秋然,体验的岗位是做收银员助理。经过几天的体验活动,李秋然深有感触地说:"我以前来买东西时从没注意过收银员阿姨的工作,我想在有空调的商场里收钱,肯定是件很轻松的事。但经过体验,我感到事情可没有想象的那么简单,在这里站一会儿腿就酸了,可阿姨们要站上一天,还不能找错钱,多辛苦啊!"垡头二小的一位同学,与苗圃工一起往花盆中移栽花卉。他的体验是"在这里我学到了一些养花的知识,也民懂得了干一行就要懂一行的道理"。

不管是李秋然还是移栽花卉的同学,他们都是通过自己亲自实践所扮演角色的具体工作,分别体验到了超市收银员及苗圃工人的辛苦和干一行就要懂一行的道理。

南京师范大学附小在寒假前给学生布置了一项特殊的任务:做一天"社会人"。其中,四(5)中队的宋宇同学跟随在报社实习的表姐当了一回小记者,但那次采访任务未能完成。她向同学们谈起自己的"社会人"角色时,兴奋中略带遗憾。本来要到南京市消协采访,因事先未联系好而导致任务未完成,而上午拍摄的新闻照片也因曝光度掌握得不好而模模糊糊。

有了这段经历后,宋宇感慨地说:"原来以为当记者很风光,却不知道记者白天采访、晚上赶稿这么辛苦。看来干什么事都必须努力、努力再努力。"

正是有了当一天小记者的亲身实践和经历,才使宋宇深刻地体验到记者工作的艰辛,懂得了无论干什么工作都不容易、都需要付出艰辛和努力的道理。

2. 角色扮演者要认真履行该角色的职责

角色扮演者只有认真履行所扮演角色的职责,尽职尽责地做好该角色的本职工作,才能切实体验到该角色工作的艰辛和操劳,加深对该角色工作的认识、理解和同情,对所扮演的角色产生强烈的道德情感,并从中受到深刻的启发和教育,做到内化于心、外化于行。

如对学生进行尊敬父母、孝敬父母的教育,如果我们只是口头上的说教,孩子们往往当作耳旁风,更不用说付诸实际行动了。所以,要真正让孩子做到尊敬父母、孝敬父母,必须让他们从内心深处深刻感受和体验到父母的辛苦,而且这种感受必须是具体的、真实的。如开展"做一天父母""当一天家"等活动,要让孩子们认真履行父母在家中承担的职责,一一完成买菜、烧菜做饭、洗筷子刷碗、拖地板、收拾房间、洗衣服等等任务,并严格按照父母操作的标准力争做到最好,不可避重就轻、敷衍应付。只有这样,他们才能从日常繁杂的家务活中真正体验到父母的辛劳和付出的心血,从而加深对父母的爱,并自觉地做到体贴父母、关爱父母、孝敬父母。

北京市垡头一小王雨歌的妈妈说:"原来总觉得孩子小,只知道百般呵护,家务活从不让她干。在孩子眼中父母照顾她是理所当然的,而她却根本不知道为爸爸妈妈做些事。自学校组织的'我帮妈妈做件事'体验活动开展以来,孩子的变化很大,懂事多了。一天,他爸爸出差了,我忙了一天疲惫地回到家,惊喜地看到桌子上摆着做好的饭菜,我深受感动。"

笔者通过《德育报》了解到,美国学校为了让青春期的孩子知道做父母是一件很不容易的事,懂得交男女朋友要慎重,开展了让孩子做几天"爸爸妈妈"活动。高一年级的健康课规定每个学生(大部分都是 16 岁左右的孩子)去超市购买一袋 10 磅重的面粉当作自己的婴儿。要求学生在一周的时间里像自己的父母悉心照顾自己一样,24 小时尽职尽责地贴身照顾自己的"宝宝",带着"宝宝"洗漱、吃饭、上课、逛街、运动……特别是吃饭的时候,因为背上背着书包,老师又不允许把"宝宝"放在书包里以免"窒息",所以只好一手抱着"宝宝",一手去餐台领取食物,的确很辛苦。同时,他们不仅要喂养和打扮"宝宝",还要给"宝宝"制订将来的学习和财务计划……

通过一周做"爸爸妈妈"的活动,学生亲身感受和体验到做父母有多辛苦,他们还懂得了没有能力抚养、没有做好准备之前千万不要懵懂地去做父母的道理。

在《教育时报》上,笔者看到中国香港的培侨书院为了对学生进行感恩教育,也在学生中开展了"体验当爸爸妈妈"活动。学校要求学生领养一个自己的"孩子",放在育婴箱里,在保护"孩子"的两个星期里,每天都要带着"宝宝"上学放学,还要把所做的事情记录下来。学校会发一个证书,你的"孩子"叫什么、你承诺了什么、见证人是谁等都会写在证书上。两周后教师要对活动进行总结,每个学生都来讲自己的感受:高兴的、伤心的……这富有创意的活动,让学生体验到爸爸妈妈抚养自己的辛苦和劳累,体验到父母养育自己的不容易,懂得了感恩,并且能通过反思将感恩落实到自己的行动中。

同样都是对学生进行"当爸爸妈妈"的角色体验教育,前者的主要目的是让学生在"做父母"的体验过程中培养责任意识,后者主要是让学生在"做父母"的体验过程中培养感恩意识。这两种意识的培养均是通过学生扮演"父母"的角色认真履行父母的职责来完成的。

二、模拟体验

模拟体验,是指个体或群体通过观察、学习人物或事件,在一定的情境中,以他人的身份、他人的视角参与体验,再对相关的人物或事件进行模仿的活动。

模拟体验应让学生以主人翁的身份,身心很投入地参与到活动中去,使他们在亲临其境中,在模拟的真实情境中产生真挚的情感,获得真切的体验,从而提高道德认识水平,获得一定的道德情感,形成良好的道德素养。

北海中学让学生在模拟体验中认识应如何做现代公民。

在上海市北海中学《用微笑温暖陌生人的心》这一堂公民教育拓展课上,学生扮演不同角色,模拟《一元钱的故事》中的主人公向四位不同身份的陌生人借钱的情景。前三位陌生人都以借口对方为职业乞丐、无赖等拒绝了他,只有最后一位小学生伸出援手:"老师说过帮助是不需要理由的。"表演结束后,学生有感而发:"我们需要在生活中学会分辨陌生人是好是坏，而不是拒绝和所有陌生人接触，否则我们所处的社会就太冷漠了。"

在模拟体验活动中，学生体会到应该怎样与陌生人进行交往，也唤醒、培养了学生良好的公民意识，使他们懂得了整个社会的运行是在陌生人之间构建起来的，同时感悟到接纳、尊重和博爱是一个公民应具备的素养。

华政附中开展模拟体验活动，让宪法精神深深植入学生心中。

华东政法大学附属中学经过不断的探索，将学生的作业自主权、无校服日制度、午餐质量、班主任奖励制度等事关师生利益的大小诉求、争议行为及社会热点问题，通过学生、家长、教师和专家代表等共同参与的听证活动提出观点或建议。模拟听证会已成为一种校园常态。校长潘瑞芳表示，学生在角色模拟体验中了解了民主、程序和规则，了解了如何通过一定程序实现民主、如何依法表达诉求、如何制订规则等一系列重要问题，这也是让学生从实践中深刻体会宪法精神的一种尝试。

同时，学校还开展了模拟立法、模拟庭审、模拟学校管理的实验项目，让学生在角色模拟中切身感受和体验法治精神，了解相关法治活动的基本程序和法规的执行过程。

三、职业体验

职业体验，是指在教师引领、组织下，学生到银行、工厂、图书馆、博物馆等场所从事一些相关的工作，在深入了解所从事的职业的特点、性质、工作时间和劳动强度的过程中产生一定的体验。

职业体验，可以使学生及早地接触社会上形形色色的职业，深入了解各种职业的性质、特点，体验到各种职业的复杂性、工作强度和艰辛程度；可以帮助学生树立正确的择业观、就业观、人生观和价值观，使他们成为有明确人生方向、有良好生活品质的人。

2015年寒假，北京十二中学的高一学生跟随青春导师走进涉及法律、科技、银行、文化产业等领域的11个企业进行实地考察和见习。高一（1）班学生刘雨涵选择进入华夏银行实地考察，结果，她不仅了解了银行各种设备的使用方法，还亲自体验了作为银行柜员必备的基本功——数钱。她用练钞券体验了柜员平时是如何练习点钞的，自己只数了二十几张就用了几十秒，而一名合格的柜员需要5分钟数完14本钞票，每本钞票100张。（《现代教育报》载）

在人们的印象中，银行本是"高、大、上"的职业，但经过这次实地考察，学生意识到各种光环背后的辛苦。学生经过一系列的职业见习，都深刻地体验到各种职业的工作强度和需要付出的艰辛努力，充分认识到各种职业的性质、特点，因此他们纷纷表示，在以后面对职业选择时将不再天马行空，而是要面对现实，结合自身优势，做出慎重选择。

《德育报》报道了四川省成都市树德中学设置的"生涯规划课"。

成都市树德中学700多名高二学生停课两天，用8课时来"接触职业，规划未来"。在这两天里，除了开班会、职业规划师到校开讲座等传统模式外，由大学教授和职场经理坐镇的模拟面试、模拟招聘等实战演练也在计划内。最让学生兴奋的是，自己终于能走出校园，由学校统一送往各类用人单位进行职业初体验，如土木工程、飞机制造、动物饲养、博物馆管理等,不再纯粹是学生头脑中的想象。

总之,通过一系列的职业体验,学生了解到各行各业的性质和特点,切身体验到行业的乐趣和工作的艰辛,更加清楚地认识到自身的志趣和优势所在,并为及早规划大学生活甚至长久的人生打下了坚实基础。

四、"求职"体验

"求职"体验,是指学生以求职者的身份,在亲身参与求职活动的过程中获得深刻体验。

组织学生以"求职者"的身份实地参加一些比较规范的人才招聘交流会,能使他们在实践中、在亲身经历求职的心路历程中真正体验到求职的困难、择业的艰辛,体会到知识和能力的重要性,体会到求职者自身良好的素质对择业的重要性,从而使学生树立正确的择业观、就业观,并能深刻地认识到学习的重要意义。

山东人民版九年级思想品德(全一册)第十二课《美好人生我选择》一课中的"就业与择业"部分,主要的目的是教育学生懂得选择职业应正确认识自我、给自己恰当定位,即在择业过程中,既要了解用人单位对求职者的具体要求,又要考虑自己的实际,包括才智、性格、兴趣、特长、健康等状况,以选择适合自己的职业岗位,切不可一味地脱离实际、好高骛远。在教学这部分内容时,为了让学生切身体验到择业的困难,即墨省级高新技术产业开发区中学于瑞英老师组织学生亲自参加了由即墨市政府和即墨市人才交流中心举办的"即墨市2016年春季大型人才招聘会",让学生亲身体验。在招聘会现场,200余家招聘单位所需的人才各不相同。学生认真阅读了各个招工单位的招聘简章,并以参聘者的身份与招工单位进行面对面的交流,听取了不同的用人单位对职业性质、工作特点、人才需求的标准以及择业、就业工作发展的趋向等的介绍。

通过一上午的亲身体验,学生了解了择业不仅要有丰富的专业知识、过硬的专业素质、高尚的职业道德、较强的沟通交流合作能力,还要有不断创新的精神、敢于竞争的意识。同时,他们也认识到,当前由于知识和技术的更新越来越快,对求职者的素质要求越来越高,择业竞争也越来越激烈;没有知识和技能的人,择业之路困难重重;只有学有所得、学有所成、练就一身过硬的本领、掌握先进的技术、拥有超群的能力,择业才有更大的选择空间。同时,他们也深刻认识到自身的不足,找出了存在的巨大差距,懂得了知识的重要性,懂得了学习的意义。因此,回到学校后,他们变得懂事了,学习也勤奋、努力了。

笔者认为,学生如果没有一上午"求职"的亲身体验,就认识不到择业的困难,就难以认识到自身存在的问题和不足,也体会不到学习的重要意义。

五、换位思考

换位思考,也是角色体验的一种,即学生设身处地、感同身受地站在对方的立场,从对方的角度去考虑问题、认识问题,从中产生强烈的情感体验,并通过不断的反思、感悟,认识到自身的不足和存在的问题,进而提高自己道德认识水平的活动。

在换位思考中,学生通过设身处地的感受和体验,往往能对问题的认识更理性、更深刻、更到位,也更容易接受批评教育改正错误。在教育教学中,笔者经常采取换位思考的方式对学生进行教育,且取得了较好的效果。下面的案例就比较有说服力。

笔者班上的学生张杰(化名)非常调皮,经常给同学起外号,见到体态较胖的学生就叫人家"狗熊",长得瘦小的学生就冠以"石猴"的雅号,皮肤较黑的学生就称为"欧洲黑",并时常以此解闷、取乐。有一天,笔者将他叫到办公室,心平气和地对他说:"张杰,你给同学们起外号,感到很有趣吧?他们长得胖、长得瘦小、长得黑,本身就感到很自卑,你再给人家起上一些不中听的外号,这不是雪上加霜吗?他们听了心里能好受吗?你心里可能感受不到。如果将心比心,换位思考,全班同学都根据你身上存在的某些缺点,给你起一些不雅观、不中听的名字,并经常拿你开心、逗趣,你心里会不会感到痛苦、感到不好受?"这时,张杰的脸唰地一下变得通红,惭愧地低下了头。可见,通过换位考虑,他已经体验到给人起外号引起对方痛苦的滋味,同时也认识到自己的错误了。就这样,从此以后,张杰再也没有给其他学生起过外号,与同学们之间也能和睦相处了。

针对班里部分学生有说谎且屡教不改的坏毛病,广东省阳江职业技术学院附属实验学校的周雪燕老师也是采取了换位思考的教育方式。

一节班会课上,周老师突然向学生发出了求救:"同学们,老师现在情绪很低落、心里也很难受,请你们帮我想想办法。"学生立刻被吸引过来,关切地问她为什么会难受。于是,周老师就把昨天说谎的经过一五一十地告诉了学生(虚构)。学生听了后,焦急地说:"那就赶快找当事人承认错误并道歉吧。"看来学生也觉得说谎不好。于是,她顺势利导,引导学生一起分析说谎对自己、对别人分别会产生什么不利的影响,说了谎之后该如何解决,怎样改正说谎的坏毛病等。

这种换位思考的教育方式,不但调动起了学生的兴趣,而且加深了学生的情感体验,使他们充分认识到说谎的危害性,有些学生甚至对自己说谎的行为及时、深刻地醒悟,从而自觉改正。

六、换位体验

换位体验,是指在教师的引领或教育下,学生亲自站在对方的立场上或处在对方的情境中,亲身体验对方的情绪、心理感受和精神状态的认知活动。

换位体验能引发学生对自己行为的深刻反思,并不断觉醒,逐渐认识到自身的缺点和行为上存在的问题,进而坦然面对问题,及时改正错误,努力向善而为并形成良好的道德行为。

针对小哲同学偷别人东西屡教不改的现象,宁波市高新区外国语学校的叶立华老师采取了换位体验的教育方式,收到了明显的效果。

班里的学生小哲,在开学不到两个月的时间里偷了好几个同学的物品。叶老师三番五次地教育,苦口婆心地长谈,甚至连家长也请来一同教育,但仍无济于事。于是,她趁全班学生不在时,拿走了小哲的笔盒和语文书,目的是让他体验体验东西被别人偷走的滋味。就这样,一直坚持了一个星期。而在这一个星期中,小哲整日情绪不佳,用他自己的话说,"我就觉得不舒服,上课也不方便,就是想早点把东西找回来"。看样子,通过一周的煎熬,他已经真正体验到东西被别人偷走的感受了。叶老师见教育的时机已成熟,才将东西偷偷地还给小哲,并及时教育了他。

正是通过换位体验,小哲感受到东西被偷后内心的焦急、不安与痛苦,从而也深刻体验到其他丢失东西的同学的心理感受。将心比心,小哲心灵受到一定的触动,对自己先前犯下的错误行为感到深深的内疚,因此才唤起了他的自我教育意识,诚恳地接受了叶老师的批评,并下定决心不再做这样的事情。

第三节　参观式体验道德教育

学生在教师的组织和引领下参观一定的场所或景观,在游览、参观的过程中,当亲眼看见参观物的形象或景色时会产生不同的心理感受和情感体验,并从中受到一定的启发和教育,增强道德情感,提升道德境界,促使自己形成积极的道德行为。

参观式体验是对学生进行爱家乡和爱祖国情感的培养,爱科学情感的培养,进行革命传统教育、遵纪守法教育、爱护海洋环境教育,组织纪律与自我管理意识培养,自信心培养等方面的有效途径。

因参观的对象不同,获得的体验也会大相径庭。因此,教师要根据教育的目标,有目的性地选择参观的对象,并组织学生认真参观,让他们在参观的过程中获得深刻的体验,激发道德情感,受到相应的思想教育和道德教育。

一、参观式体验是对学生进行爱家乡教育的基石

对学生进行爱家乡的教育,如果学生没有切身的感受和体验,那么这种爱就没有根基;如果没有把爱家乡的教育具体化、情境化,就难以触动学生的心灵,更不会使他们付诸实际行动。爱家乡,首先要让学生了解家乡丰富的自然资源、丰厚的历史文化、淳朴的民情民俗、众多的家乡特产、动人的名人故事以及家乡日新月异的发展变化,这样才能使学生充分了解家乡,对家乡有一个比较完整的认知,为对家乡产生一定的情感打下基础;才能使学生颇有兴趣地亲近家乡,并从内心深处感受到家乡的可爱和美丽,体验到家乡独特的魅力,从而激发起对家乡深深的爱、浓浓的情。

组织学生走进家乡,走进具有浓厚的家乡文化,走进能够比较全面、客观地反映家乡独特风貌的场所进行认真细致的参观,可以拓宽学生的视野,使他们对家乡有一个全面深入的了解,了解到家乡的一草一木、一景一物、名人轶事、淳朴的民风、悠久的历史、灿烂文化,从心理上拉近与家乡的距离,深刻地体验到家乡的"美"、体验到家乡独具一格的"魅

力"，从而对家乡产生坚定的认同感，对家乡产生深厚的感情，增强对家乡真挚的爱。

2015 年春季，即墨省级高新技术产业开发区教育办组织全区小学五年级学生到即墨市非物质文化遗产博览园参观。

博览园里，年代久远的木制手推车，木制脱粒机，锚、瓢、斗、升、裘、钟、陶瓷肥皂盒、草编簸箕等器具以及古代各个时期的钱币……上百种即墨当地人曾用过的传统用品全部展示出来。对孩子们来说，几乎每一项都是新鲜玩意儿，他们都从未见过。讲解员详细地介绍了当年农民用于耕田的各种工具，大家听了后都为劳动人民的智慧感到惊讶，对他们不由得产生了敬佩之情。

在"柳腔剧场展厅"，学生了解到家乡特色戏剧——柳腔的发展史和在当地产生的深远影响，了解到家乡人们对柳腔的喜爱——父老乡亲在街头巷尾传唱柳腔的盛况，从内心感受到柳腔的无穷魅力，有些学生当时就喜爱上了柳腔，并产生了学唱柳腔的想法。

在"即墨老酒坊展厅"，学生了解到即墨老酒酿造的复杂工序、不同种类、发展历史以及酒香浓郁、口味醇厚的特点，了解到即墨老酒在国内外的知名度和声誉，体验到老酒工艺的精湛和老酒文化的博大精深，他们个个脸上堆满了笑容，折射出了内心无比的自豪。

在"即墨镶边展厅"，一幅幅图案精致、做工细致的花边、毛编、草编等手工作品使学生感受到即墨民间传统手工艺品制作的高超技艺，体验到家乡人高超的智慧。

在"即墨传统历史文化展区"，学生认真观看了记录即墨发展的历史影片，耐心地倾听讲解员讲述即墨 1400 多年的发展史，如田单的火牛阵、田横五百壮士的义举、即墨周黄蓝杨郭五大家族的发展史等，领略了即墨 1000 多年的历史风貌，了解到即墨从远古时代到今天的发展历程，内心流露出掩饰不住的兴奋和自豪。

在民间文学展区，生动形象、丰富多彩的图文向学生描述了即墨秃尾巴老李、即墨灵山老母传说、天柱山民间故事、温泉传说等数十余项民间文学项目。学生认真地聆听着讲解员对每一个故事的精彩解说，从内心感受到家乡民间文化情节感人、寓意深远、富有神话色彩的鲜明艺术特色。

学生参观即墨葛村的磕子时，工匠师傅详细地讲解了葛村磕子的发展史和制作方法。工作人员现场手把手地教学生磕出各种各样的图案漂亮的饽花。学生在亲自动手操作中感受到磕饽花的乐趣，体验到家乡传统手工技艺的美，体会到家乡人民的聪明和智慧，同时"培养了他们艺术表达和创意表现的兴趣和意识，以及在生活中拓展和升华美的能力"。

地处即墨市最东部的田横岛，濒临大海，岛上的人们主要以渔业为生。每年三月份，渔民们都要隆重地举办一次声势浩大的祭海活动。一楼南头大厅展示了田横祭海节的壮观景象。在播放的视频中，人们欢天喜地地敲锣打鼓，载歌载舞。祭海用的猪以大个黑毛公猪为佳，宰杀后刮毛，然后用红绸布打成红花绸结，装饰在猪头和猪脖子上。学生在饶有兴致的观看中，深刻地体验到田横祭海节隆重、喜庆的气氛，体验到祭海活动的美好寓意，体验到渔民对美好生活的向往和追求。

通过一上午的参观，学生不仅了解了家乡丰富的特产、灿烂的历史文化、民间传统的手工制作、富有传奇色彩的民间故事和源远流长的传统文化，而且体验到即墨丰厚的文化底蕴、家乡民间艺术的独特魅力,以及劳动人民的淳朴、勤劳、智慧,对家乡著名历史人物的敬仰、对家乡取得辉煌成就的自豪感、对家乡特产和传统工艺的热爱、对家乡劳动人民的尊敬、对家乡真挚的归属感油然而生,从内心深处对家乡产生了浓厚的感情和深深的爱。在参观后写的作文《参观即墨市非物质文化遗产博览园》中,学生通过生动形象的语句,将家乡的景物描写得如诗如画,将泥塑、毛编、草编等家乡劳动人民的艺术手工作品描写得惟妙惟肖,将家乡的民间故事叙述得栩栩如生,他们在字里行间淋漓尽致地表达出对家乡由衷的赞美和爱。

2016年11月8日,即墨市灵山镇姜戈庄小学组织全体师生走进了地处灵山镇姜戈庄村的"玫瑰小镇",徜徉在玫瑰花海之中,尽情欣赏绽放的花朵、聆听昆虫低语、追寻古化石前世今生……这是由即墨市灵山镇人民政府主办、灵山镇教育办公室承办的在全镇师生中开展的"发现家乡之美"系列活动的序幕。

本次活动自2016年11月开始,至2017年5月结束,历时7个月的时间。活动共分为"美丽校园""可爱家乡""民俗风情""放飞理想"四个板块。灵山镇教育办组织全镇师生先后开展了寻访家乡传统文化,参观泉上村党史纪念馆、灵山风景名胜、特色产业等德育实践活动;开展了"我为家乡建设添光彩"理想教育活动;举行以"美丽的家乡"为主题的阶段性征文比赛、绘画比赛、摄影展、演讲比赛等,并对每一项活动情况,对每一项活动所取得的成果都做了及时深入的总结、汇报。灵山镇"发现家乡之美"系列活动的开展,使广大师生全面深刻了解了灵山古老的历史风貌、淳朴的民风民俗、悠久的传统文化及家乡日新月异的发展变化等状况,从中获得了真切的感受和深刻的体验,从而激发和培养了他们爱学校、爱家乡、爱祖国的思想情感和建设家乡、美化家乡的强烈愿望。

而河南省洛阳市龙城双语初级中学以"家本课程"为载体,引领家长和孩子在节假日期间走进洛阳隋唐城遗址植物园探究学习,感受大自然,领略隋唐遗风和洛阳的新变化,激发了学生对家乡的热爱;走进洛阳龙门海洋馆参观,开阔了学生的视野,激发了学生的学习兴趣,提高了学生的人文素养;走进洛阳博物馆,使学生了解古都辉煌的历史,感受到丰厚的河洛文化,激发起他们热爱家乡的情怀。

家乡的企业经营、发展的成功与否直接反映出家乡的经济发展状况和社会繁荣程度。从某种意义上说,当地企业也是构成家乡面貌极其重要的一个方面。因此,组织学生走进家乡的企业进行参观,也能引发学生产生强烈的情感体验,促进学生对家乡的了解,增强他们对家乡的爱。

广东省中山市沙溪镇圣狮小学组织学生走进企业参观学习。在企业有关工作人员的带领下,学生走进某服装企业,参观了备料、候整、剪裁、缝纫、产品检验等生产线的操作及设计、销售和售后服务等部门的工作,并对部分工作进行了简单的操作体验活动。通过参观,学生更直观地了解到地方产业发展的状况,体验到各种工作岗位的情况,纷纷表示要好好学习,努力让家乡变得更美、更富强。

学生正是通过对企业的参观认识和体验到家乡经济发展的状况,才产生了爱家乡的情感,才激发起立志建设家乡的美好愿望。

二、参观式体验是对学生进行爱国主义教育的重要途径

习近平总书记指出：在社会主义核心价值观中，最深层、最根本、最永恒的是爱国主义。因此，我们必须把爱国主义教育作为永恒的主题，贯穿于学生的日常生活中，贯穿于学生的成长过程中。

同样，对学生进行爱祖国情感的培养也并不是口头说说就能够见效的事，它需要建立在学生对祖国有着一定的认知和初步感受的基础上。有专门研究认为，对12岁前的儿童进行爱国主义教育，应当从爱国的基础情感培养起。这一基础情感是指对形成爱国情感有影响的情感体验，它分直接性基础情感和间接性基础情感两种。

引导、组织学生参观祖国的名胜古迹、大好河山，可以使他们目睹祖国古代建筑的雄伟壮观，祖国河山的气势磅礴、锦绣壮丽，使学生从内心感受到神州大地绿意盎然的自然风光，体验到祖国的庄严和壮美，并产生强烈的自豪感，这是一种直接性基础情感。直接性基础情感的建立可以促进学生增强对祖国的归属感、认同感、尊严感、荣耀感和爱的思想情感，并且受到深深的爱国主义思想教育。

对自己的孩子身上的表现，笔者是深有感触的。

2014年暑假，笔者带着儿子到北京参观了八达岭长城。我们沿着蜿蜒曲折的台阶一直登上了第八层。站在长城之巅，儿子深有感触地说："以前只是从课本上了解到长城，真没想到长城这么雄伟壮观！真是百闻不如一见啊。"从儿子的表情和语气中，可以看出他对长城的赞美之情。当儿子看到那一块块中间被摩擦得凹进去的青灰色方砖时，他感慨地说："当时也没有先进的机械，能把这么多的大块方砖运上来，而且砌得这么高，劳动人民要付出多少艰辛和智慧！"一种对古代劳动人民的敬佩之情在他心中油然而生。

当我们坐着船尽情地饱览颐和园的优美风光时，儿子一路上目不转睛，生怕错过任何一个景点。尤其参观专供慈禧太后饭后散步的走廊时，沐浴着阵阵凉风，儿子赞叹个不停："前面是碧波荡漾的万寿湖，后面是巍峨的万寿山，这个地方真是太美了、太舒服了！怪不得老佛爷选择这个地方生活。这里真是个美丽的世外桃源啊！"他眉宇之间流露出了对祖国大好河山的赞美和热爱之情。

北京之行，儿子最大的收获是在真实的体验中感受到祖国名胜古迹的优美和雄伟壮观，并且为之深感自豪，内心产生了由衷的赞美之意，对祖国产生了强烈的认同感和归属感，增强了自己的爱国情感。

不仅参观祖国的名胜古迹如此，游览国家优美的自然景观，也能激发学生强烈的爱国情感。

2016年暑假，笔者带着儿子走进了翠山绿树相映的天然氧吧——贵州。站在驰名中外的黄果树瀑布前，只见绿树掩映之下，一道宽30余米的白色水柱或浑然成一体，或分成几绺，从100多米高的悬崖上直泻而下，真有"飞流直下三千尺"之势，如万马奔腾、气势磅礴、雄伟壮观；水拍击石，犹似雷劈山崩，令人惊心动魄。瀑布飞溅的水花，腾空而起，银白色的浪花，如烟如雾，在阳光的照射下，光彩亮丽，五彩缤纷。

雄伟壮观的黄果树瀑布一角

正如明代伟大的旅行家徐霞客所赞,"捣珠崩玉,飞沫反涌,如烟雾腾空,势甚雄伟;所谓'珠帘钩不卷,匹练挂遥峰',俱不足以拟其壮也,高峻数倍者有之,而从无此阔而大者"。

儿子完全被眼前的景象惊呆了,他目不转睛地看着,赞不绝口:"天哪,真是雄伟壮观啊!""多么大气磅礴!""太震撼了!太美了!"

黄果树瀑布一游,儿子深有感触地体验到了贵州自然风景的优美、壮观,真正感受到祖国河山的壮丽,情不自禁地产生了赞美之情和荣耀感、自豪感,同时也激发起他对祖国河山深深的爱。

三、参观式体验有助于对学生进行革命传统教育

有一句拉丁语名言:言词固可教人,而榜样更具魅力。教育工作的技巧和艺术就在于以鲜明的榜样把可贵的品德展现给青少年,以触动他们的心灵、引导他们的思想、激励他们追求道德最高标准的志向。

例如,对学生进行革命传统教育,只有让学生通过参观、调查等形式,深入到革命先辈工作过、战斗过、生活过的地方,才能使他们更深入地了解老一辈无产阶级革命者英勇无畏、视死如归、顽强斗争的感人事迹,使他们内心深处为之感动和震撼,深刻体验到先烈们崇高的革命精神和坚强的革命斗志,并对他们产生由衷的敬佩和崇拜感。在这样的基础上,学生才能更好地接受革命传统教育,并深刻地理解、消化、吸收革命传统教育的精髓。

为了更好地对学生进行革命传统教育,使他们了解即墨革命先辈为了人民解放事业英勇奋战的不朽事迹,即墨省级高新技术产业开发区中学组织学生到即墨省级高新技术产业开发区吴家岭村参观了中共即墨县委成立旧址。

1938年5月,中共莱阳县委派共产党员吴善堂到他的家乡吴家岭村发展党组织。吴善堂首先在本村发展了8名党员,并于同年8月成立了中共吴家岭党支部;然后以吴家岭为中心,逐步向周围村庄扩展,发展党员,半年的时间党员队伍扩大到60多人,先后成立了5个党支部。1939年7月27日,根据中共南海特委关于成立中共即墨县委的指示,吴善堂在吴家岭村主持召开了中共即墨县委成立大会,会址选在共产党员吴培申家。会议

确定县委由 5 人组成,吴善堂被任命为第一任县委书记。旧址占地 130 平方米,是独门院落的民居建筑。朝东大门有"中共即墨县委成立会议旧址"的横匾,进门为 100 平方米的庭院,西侧有即墨县政府题名的"中共即墨县委成立会址"50 厘米高的石碑一座,西墙有即墨市委党史研究室设立的约 4 米高的画壁。北边为风貌古朴的五间平房,这便是当年即墨县委成立之所。西两间为当年会议现场,陈列有多件当年开会用的历史文物;东三间为展览室,展室四壁展有反映即墨县(市)委从抗日战争到即墨解放各个历史时期奋斗历程的图像和文字,以及从吴善堂到现任历任中共即墨县(市)委书记的照片。

整个展览馆版面栩栩如生、内容丰富,对当年的事件叙写明确、清晰,是对学生进行革命传统教育的很好素材。

学生认真观看了墙上的图像和文字,瞻仰了即墨县委第一任书记吴善堂、组织部长周浩然同志先进事迹宣传图片,认真听取了工作人员动情的讲解。一幅幅真实感人的图片,一件件英雄人物的遗物,向大家充分展示了革命先烈为祖国解放事业无私奉献、鞠躬尽瘁、死而后已的高尚情怀。

通过参观中共即墨县委成立旧址,学生真切地感受到先烈们为了解放全中国英勇献身的精神和不屈不挠的斗志,亲身体验到今天幸福生活的来之不易。大家深受感动,也深有感触,纷纷表示:正值青春年少的我们也应当继承先烈的精神,努力学习,脚踏实地,将来为社会的发展奉献出自己的力量,为祖国更加美好的明天而奋发努力。

四、参观式体验有助于培养学生爱科学的情感

参观科技馆是培养学生爱科学情感的良好途径。学生只有走进科技馆、科研所等地方,零距离地触摸科学、感受科学、解读科技产品,才能认识到科学的意义,认识到科学在人们生活和社会发展中发挥的重要作用,感受和体验到科学的巨大力量,萌发好奇心和想象力,从而对科学技术产生浓厚的兴趣,积极投身于学科学、用科学、研究科学中去,不畏困难,坚持不懈地探索。

山东大学材料科学与工程学院组织 07 级的 39 名基地班学生以及 8 名地基班学生参观了山东省科技馆。在持续一个上午的参观过程中,学生兴致勃勃地参观了科技馆的四层展区。以"人类•探索•创新"为主题布设的 400 多件展品,既有古时代的发明创造,也有当今的火车模拟驾驶;既有生活中的常见科学现象,也有数字科技的各种互动,形象地诠释了科学道理且让观众与展品产生互动。"在这里,我看到了很多以前未曾接触过的知识,更让人惊讶的是我竟然看到了这学期的《机械设计》课程里的内容。当时在课堂上我们只是观看了老师播放的视频,而在这里,我却能亲手操作,给我留下了极为深刻的印象,真的是太好了。这项活动真的是十分有意义,我真的想再来一次。"地基班的杨海龙同学激动地告诉周围的同学。

通过此次活动,学生不仅学到了很多科技知识,更重要的意义在于,加深了他们对科学的理解,使他们切身体验到科学的神圣魅力、感受到科学的力量,激发起他们对科学的浓厚兴趣,培养了他们热爱科学的情感。

五、参观式体验能够增强学生的法制观念

对学生进行法制教育,不仅需要正面教育,更需要科学合理的反面警示教育,而且反面警示教育往往更能达到教育的目的。因此,组织学生深入到看守所、监狱等具有一定法律震慑力的地方参观、访问、学习,让学生目睹违法、犯罪分子高墙铁窗内人身受拘的无自由生活,亲耳聆听狱警叔叔、阿姨深入浅出的案例剖析,会使学生心灵产生强烈的震撼,能使他们充分认识到违法、犯罪的严重后果,感受到法律的约束力、严肃性、神圣性和不可侵犯性,增强他们对法的敬畏感,使他们树立法制意识、增强法治观念,从而做到学法、知法、懂法、守法。

为加强青少年的法制教育,营造青少年健康成长的良好氛围,教育青少年远离犯罪、珍爱生命、珍爱自由,宁都县检察院组织宁都三中的 80 余名学生到宁都县预防青少年违法犯罪教育基地参观,学习法律知识。

学生在讲解员的引导下,参观了警示教育宣传展牌、宣传挂图及宣传画,听干警讲述了身边的真实案例。这给所有学生上了一堂生动的警示教育课。大家纷纷表示,不仅要学习知识,更重要的是学会做人、严格要求自己,从现在起就要培养和增强法律意识,自觉抵制各种诱惑,做一个对国家、对社会有用的人。

"寒假来临,通过组织学生到教育基地学习,有利于增强学生遵纪守法意识和防范意识,非常必要。"三中陈老师说。

组织学生到青少年违法犯罪教育基地参观,让学生在对法律有着切身体验的基础上学习法律知识,不仅能使学生加深对知识的理解,更重要的是让学生懂得如何遵法、守法,如何做人,而且这样的教育,效果是持久的,影响也是深远的。

六、参观式体验有利于培养学生热爱海洋、保护海洋的意识

组织和引导学生参观海洋基地、海洋科技馆等展示和介绍海洋状况的场所,可以使学生充分了解丰富的海洋资源、各种珍贵稀有的海洋动物,体验到海洋的无穷魅力,体验到人类的生存、生活与海洋息息相关,增强对海洋的情感,树立热爱海洋、保护海洋的意识。

2016 年 11 月 23 日,即墨市中学生实践教育基地组织即墨省级高新技术产业开发区中学七年级学生分批分组走进了海洋科普体验馆。学生在导游老师的引领下,认真参观了海洋科普体验馆四周墙壁上的宣传图片,其中包括美丽的海岛、奇妙的海底世界、蜿蜒万里的海岸线、丰富的海洋资源、各种各样珍稀的海洋动物以及海洋对人类的巨大贡献等。

通过参观,学生丰富了海洋知识,体验到海洋无穷的魅力和神奇奥妙,体验到海洋与人类生存息息相关,不由自主地对海洋产生了一定的情感。此外,学生还认真参观了海洋中已经灭绝的动物,如加勒比海豹、德古拉海牛、大鸟雀等,濒临灭绝的动物如大白鲨、巨石斑鱼、巨齿鲨、蓝鲸等。导游老师向学生详细分析和讲解了海洋里各种动物灭绝或濒临灭绝的原因。当学生知道了这些已经灭绝和濒临灭绝的海洋动物主要是由于人们肆意猎取捕杀和对海洋的严重污染造成的之后,都深受触动。这时,他们深刻地体验到人类不良

行为对绿色海洋造成的极大危害,对海洋里的生物造成的灭绝性伤害,内心不由地充满了对人类破坏行为的憎恨和对惨遭杀害的海洋动物的怜悯和同情,敬畏生命、珍爱生命、尊重生命的情感油然而生,同时也大大地激发起爱护海洋、保护海洋的强烈意识。学生决心从现在做起,从自身做起,积极投身于保护海洋的行动中。他们通过发放宣传材料、发倡议书等形式,向人类大力宣传海洋对人类的贡献、海洋与人类密不可分的关系,保护海洋的重要意义,并劝诫人们不要再肆意捕杀海洋里的动物,不要再随意污染海洋环境、破坏海洋资源,而要与海洋建立起友好的关系,珍惜海洋资源,要还海洋的纯洁美丽,还海洋里各种动植物一个舒适、温馨的家园。

七、参观式体验有利于培养学生的组织纪律意识和自我管理能力

自我管理能力是学生发展的核心素养之一,良好的自我管理能力能约束和规范学生健康地发展和茁壮地成长,形成自立、自强的品格。

为了培养中学生严明的组织纪律意识、严要求高标准的自我管理意识,2016 年 11 月,即墨市中学生实践基地组织正在参训的学生到即墨市 71613 部队参观学习。

一跨进军营的大门,学生立刻被一种特殊的气氛所感染。这里的一草一木都那么整齐、美观,这里的氛围显得那么庄严、宁静。

学生首先来到训练场,观看了官兵们的队列式、军体操等表演,解放军叔叔的一招一式都整齐划一、训练有素。

接着,学生参观了官兵宿舍。在宽敞朴素的房间里,脸盆、牙缸、香皂、毛巾等各种物品摆放得整整齐齐、井然有序、有条不紊。最让学生赞叹不已的是所有的被子都像一块正方形的压缩饼干,平平整整,棱角分明。看过官兵代表演示叠"豆腐块"被子后,学生更是佩服得五体投地、赞不绝口。

通过参观军营活动,学生亲眼观看了部队官兵标准、规范的内务整理,亲身体验了解放军叔叔严明的组织纪律、严格规范的管理意识和训练有素的自我管理能力。他们深受感染和启发,决心以部队官兵为榜样,不断加强自身的纪律修养,增强自我管理意识,对自己始终做到高标准、严要求,努力做一个守纪律、会管理、有素养的新时代的中学生。

八、参观式体验可以帮助学生铲除自卑,树立自信

受一些鄙俗观念的束缚、误导和趋同心理的影响,生活处境卑微的人,往往容易产生消极、悲观的情绪,甚至产生厌世态度,自暴自弃,一蹶不振。但是,如果让他们参观当年与自己有着同样生活、同样处境、同样命运但日后经过不懈努力创造出辉煌业绩的人的故居或以前工作、生活的地方,获得身受同感的体验后,可以使他们认识到地位卑微、生活贫困的人经过后天的不断努力也可以取得非凡的成就、创造辉煌的业绩,并真正从心理上产生认同感,同时也能受到积极的、正面的暗示、启发和激励。这样,他们不但可以铲除自卑的心理,而且可以树立强大的自信心,对工作、对生活、对人生充满激情和向往,创造出辉煌的成就,从而改变自己的人生和命运。

伊东布拉格就是这样的人中的一个。一位父亲带着儿子去参观凡·高故宫，在看过那张小木床及裂了口的皮鞋后，儿子问父亲："凡·高不是一位百万富翁吗？"父亲答："凡·高是位连妻子都没娶上的穷人。"第二年，这位父亲带着儿子去丹麦，在安徒生的故居前，儿子又困惑地问："安徒生不是生活在皇宫里吗？"父亲答："安徒生是位鞋匠的儿子，他就生活在这栋阁楼里。"

这位父亲是个水手，他每年往来于大西洋的各个港口，这个儿子叫伊东布拉格，是一名黑人记者。

20年后，伊东布拉格在回忆童年时说："那时我们家很穷，父母都靠出苦力为生。有很长一段时间，我一直认为像我们这样地位卑微的黑人是不可能有什么出息的。好在父亲让我认识了凡·高和安徒生，并体验到了他们的生活。这两个人告诉我，上帝没有轻看卑微。"

正是通过参观凡·高故宫和安徒生的故居，伊东布拉格有了深切的体验，认识到穷人也能创造出非凡的成就，才铲除了"黑人不可能有什么出息"的自卑心理，树立起强大的自信心，并经过自己的不懈努力，成为美国历史上第一位获得普利策奖的黑人记者。

第四节　调查研究式体验道德教育

学生通过亲自深入事物的现场进行实地调查，可以全面详细地获得被调查对象的第一手材料。通过对获得的第一手材料进行全面、客观、深入的分析，可以认识到事物内在的本质问题，获得较为深刻的体验，提高道德认识，增强道德情感，提升道德境界，形成良好的道德行为。

因此，对学生进行道德教育，我们可以依托学校开设的社会实践课程中的社会调查课，或以研究性学习小组的形式，组织学生深入社会各个角落，进行不同层面的调查研究，使学生在参与社会调查研究的过程中产生深刻的体验和强烈的道德情感，从而提高对问题认识的宽度、厚度和深度，并受到一定的道德启发和道德教育，不断规范和约束自我，形成良好的道德行为。

调查研究的范围比较广泛，大致可以从以下几个方面入手。

一、现实生活

调查研究可以从学生熟悉的现实生活中自己身边具体的人或事物入手，在这样的基础上，调查会更全面，研究会更透彻，获得的体验会更深刻，学生也更容易受到启发和教育。

1. 对祖、父、孙三代童年生活状况的调查研究

学生通过对祖、父、孙三代人童年生活状况的调查，并将祖、父幼时的生活和自己当前

的生活一一做详细的比较和分析，能深刻体验到老一辈人生活的艰辛和新一代人生活的美满幸福，激发他们珍惜眼前大好时光、奋发图强的情感。

针对现在的孩子不珍惜青少年时期的大好青春年华、不珍惜来之不易的幸福生活的不良现象，笔者组织学生开展了"祖、父、孙三代人小时候生活状况"的调查活动。学生以小组为单位，从衣、食、住、行和平时花费的零用钱等方面制定了详细的调查表，并深入到每一个家庭中，分别详尽地调查了爷爷一代小时候的生活状况、爸爸一代小时候的生活状况和"我"现在的生活状况，将所获得的信息一一填写在调查表上。

下表是即墨省级高新技术产业开发区中学八年级 3 班学生的调查表。

"祖、父、孙三代小时候的生活状况"调查汇总表

状况	食	衣	行	住	每天的零花钱（元）
爷爷小时候	地瓜叶、地瓜干、野菜等，基本不吃蔬菜，吃不饱	只有 1～2 件粗布衣服，破了反复补，冬天没有棉衣、棉鞋	步行	低矮的毛坯房	0
爸爸小时候	地瓜、玉米等，偶尔吃次馒头，蔬菜中没有肉，能吃饱	每季有一套衣服，破了补补，冬天仅靠一件棉袄、一条棉裤过冬	自行车	一般的石头、砖、瓦房	0.02～0.05
我小时候	馒头儿、大米、鸡蛋、饼干、蛋糕、鲜奶、饮料等，饭菜美味可口，营养丰富	纯棉的，纯毛的，每个季节至少三套衣服，冬天穿保暖内衣、毛衣、羽绒服、毡靴、皮靴、保暖性旅游鞋	公交车，摩托车，家庭轿车	高大、宽敞、明亮、坚固的砖瓦房、楼房	2～3

然后，笔者组织学生从祖、父、孙三代人的衣、食、住、行以及拥有的零花钱五个方面分别进行了纵向比较和认真分析。经过比较与分析，学生从内心切实感受到爷爷小时候吃饭饥一顿饱一顿、出行不便、没有棉衣棉鞋过冬、住房简陋的艰苦生活，和自己现在丰衣足食、交通工具便利、居住宽敞明亮的高楼大厦的幸福生活形成了极其鲜明的对比，从内心深处体验到自己现在生活的美满、幸福，倍感高兴和自豪。学生下定决心，纷纷表示：不要身在福中不知福，以后不再虚度光阴，不再辜负老师、家长的殷切期望，要珍惜时光、好好学习、努力读书，做一个全面发展的优秀学生，以此来回报父母、感恩社会。

2. 对家乡河的调查研究

对家乡河昨天、今天状况的调查，能使学生了解家乡河昨天的清澈、优美和生机勃勃，看到它今天的污浊和荒凉，感受到家乡河哺育了一代又一代的人们，激发起学生保护家乡河，让家乡的天更蓝、地更绿、水更清的道德情感，形成爱护、美化家乡环境的良好道德行为。

为了使学生充分地认识家乡河的过去和现在，增强学生保护家乡河、爱护环境的意识，笔者组织学生利用寒假时间开展了"家乡河的昨天、今天调查研究"活动。调查研究活动的主要内容是：① 调查家乡河昨天、今天的状况；② 认真分析造成家乡河今天这种状

况的原因;③ 作为家乡的小主人,你应该采取什么措施来保护家乡河?

调查中,学生通过走访爷爷奶奶、姥爷姥姥等长辈人以及实地察看等形式,对家乡河进行了深入细致的调查,并撰写了调查报告。下面是即墨省级高新技术产业开发区中学七年级(5)班学生的调查汇总报告。

对家乡河昨天、今天状况的调查研究报告

(1)家乡河昨天的状况。

河水清澈见底,河底的砂石清楚可见;河里有鱼、虾、螃蟹、蚌、乌龟和可爱的小蝌蚪;河面上时常有水鸭子、白鹭、翠鸟等水鸟嬉戏;河岸上树挺拔,草茂盛,景色优美,空气清新,人们经常来河边散步,玩耍。村里的人们用河水浇菜、洗菜,给家里饲养的牲畜饮用,有的人还饮用河边的泉水。

(2)家乡河今天的状况。

河水浑浊,水面上漂浮着塑料瓶、垃圾袋等杂物,水里弥漫着一股腐臭味儿;有的河段干涸了,河床上垃圾遍布;河岸上,树木被砍伐而变得草木稀疏。

(3)造成家乡河今天状况的主要原因。

人们环保意识差,滥伐河岸的树木,随意向河里倒垃圾、倒农药残渣;家乡附近的工厂随意向河里排污水。

(4)我们应采取的措施。

一是加大宣传力度。通过宣传标语、手抄报、致村民的一封信、向企业下达通知书等形式,大力宣传保护河流、保护环境的重要性,并呼吁人们自觉地爱护家乡的环境。

二是通过设置保护河流的警示牌、提示语,提醒人们不要随意向河里倒垃圾、倒农药残渣,不要滥伐河岸上的树木。

三是通过当地环保部门向家乡附近的工厂下达"禁止向河里排放污水"的通知,并对违反者给予一定的处罚。

四是倡议人们多在河岸上植树造林。

五是从自身做起、从小事做起,从现在做起,做一个爱护河流、保护环境的小卫士。

学生通过对家乡河昨天、今天状况的调查,了解到家乡河过去绿色、生机、优美的景色和今天脏乱不堪的样子;通过认真分析,认识到乱丢药瓶、滥伐树木、随意倾倒垃圾、排放污水等不良行为是造成家乡河今天污浊状况的主要原因,感受到家乡河发生的巨大变化,激发起爱护河流、爱护环境的道德情感,树立起强烈的环保意识,并自觉地形成爱护家乡、净化家乡、美化家乡的道德行为。

3. 对家乡风俗文化、传统艺术的调查研究

对家乡风俗文化、传统艺术的调查研究,能使学生体验到家乡鲜明的风俗特色和独特的艺术魅力,对家乡的风俗文化和传统艺术产生浓厚的兴趣,并从内心感到由衷的自豪,从而增强对家乡的风俗文化和传统艺术的爱,增强对家乡的爱。

中华优秀传统文化是中华民族的"根"和"魂"。优秀传统文化是一个国家、一个民族

传承和发展的根本。5000多年连绵不断、博大精深的中华文化，积淀着中华民族最深沉的精神追求，包含着中华民族最根本的精神基因，代表着中华民族独特的精神标识，是中华民族生生不息、发展壮大的丰厚滋养。传承和弘扬传统文化，首先要引导学生弄清楚其历史渊源、发展脉络、基本走向、价值理念和鲜明特色，系统地梳理传统文化资源，挖掘和阐发中华优秀传统文化讲仁爱、重民本、守诚信、崇正义、尚和合、求大同的价值理念，并通过多种方式加强对学生的爱家乡教育以及爱国主义、集体主义和社会主义教育。

其中，学生通过对家乡传统节日、民风民俗及民间艺术的深入调查、研究和分析，能够充分了解家乡源远流长的历史文化、纯朴厚重的乡土乡情、形式多样的风俗习惯、各具特色的艺术产品、生动感人且富有传奇色彩的民间故事等，并能从中体验到自己家乡深厚的历史文化底蕴，体验到家乡劳动人民的勤劳和智慧，体验到家乡别具一格的乡土艺术特色，从内心感到由衷的自豪和骄傲，从而激发起对家乡浓浓的情和深深的爱。

结合农村传统节日、民风民俗及民间传统艺术状况，笔者引导、组织学生开展了一系列调查研究活动。其中，部分学生通过走访、查资料的方式，深入调查了春节、元宵节、清明节、端午节、中秋节、重阳节等传统节日的来历及其意义；研究、分析了当地民风民俗形成的历史背景和意义，了解、搜集了家乡部分民间传统艺术，并进行了深入的学习和研究。

（1）对传统节日、民风民俗及民间故事的调查。

下面是即墨省级高新技术产业开发区中学初二五班学生的调查报告。

对传统节日、民风民俗及民间故事的调查报告

通过三个多周的走访、查阅资料，我们对家乡的传统节日及民风民俗、民间故事进行了深入的调查，现将情况报告如下。

主要的传统节日：过年、元宵节、清明节、端午节、中秋节、重阳节。

传统节日的来历、风俗及其意义。

过　年

过年是我国最隆重的传统节日。有关年的来历，民间流传着这样一个传说：古时候，有一个叫"年"的怪兽，经常骚乱百姓，杀人放火，无恶不作。百姓想了很多办法都不能侵杀它。后来，人们从一位神人那里得知，"年"怕红、怕光、怕响声。于是，家家户户在"年"出现的这天，张贴红色的对联、燃放鞭炮来驱赶怪兽"年"，以求以后生活的安宁，并逐渐形成一种习惯流传下来。此后，人类便有了"过年"之说。在今天，人们赋予"年"更新的意义。过年又称为春节，是春季开始的第一天，人们通过贴对联、放鞭炮、放礼花等形式来共同庆祝新春的到来，祝福新的一年百业俱兴，有好的收成，过上好的日子。

年夜饭的餐桌上要有鸡（寓意吉祥）、鱼（寓意富裕）、豆腐（寓意福气）、芋头（寓意年年积蓄有剩余）等食物，穿新衣服、贴"福"字、贴对联、放鞭炮、除夕夜吃水饺、拜年、长辈给晚辈压岁钱、走亲戚等都是人们过年常见的风俗活动。

元宵节

农历正月十五元宵节,又称为"上元节""春灯节",是中国汉族民俗传统节日之一。正月是农历的元月,古人称其为"宵",而十五日又是一年中第一个月圆之夜,所以称正月十五为元宵节。元宵节是中国的传统节日,早在2000多年前的西汉就有了。元宵赏灯始于东汉明帝时期。明帝提倡佛教,听说佛教有正月十五僧人观佛舍利、点灯敬佛的做法,就命令这一天夜晚在皇宫和寺庙里点灯敬佛,令士族庶民都挂灯。以后这种佛教礼仪节日逐渐成为民间盛大的节日。该节经历了由宫廷到民间,由中原到全国的发展历程。今天人们通过吃元宵、挂大红灯笼等形式象征全家人团团圆圆、和睦幸福,寄托对未来生活的美好愿望。

到祖坟送灯、吃元宵、放礼花、赏花灯、踩高跷、扭秧歌、舞龙、舞狮子以及做面食升虫、刺猬(寓意日子一天比一天强)等吉祥动物,庆祝元宵节成为当前的风俗。

清明节

清明节实际是纪念介子推的。相传春秋战国时代,介子推为了救重耳,从自己腿上割下了一块肉,用火烤熟了送给重耳吃。19年后,重耳回国做了君主,对那些和他同甘共苦的臣子大加封赏,唯独忘了介子推。介子推一气之下,背着老母亲归隐山林。晋文王为逼其出山,放火烧山,结果介子推被烧死,晋文王非常伤心,为纪念介子推,规定以后每年那天全国都不许生火,只吃不用火烧的食物。那天就是清明,食物没有用火,自然为寒食,因此有的地方将清明节也称作"寒食节"。现在的清明节,人们主要祭奠已故亲人,以表达对离世亲人的哀悼之意。

清明节的习俗主要有上坟祭祖、吃鸡蛋、荡秋千、做面食燕子等,现在登山、踏青也成为清明节这天的主要活动。

端午节

中国的农历五月初五为端午节,又名"端阳节""重午节"。屈原是中国古代伟大诗人、世界四大文化名人之一。2000多年来,每年的农历五月初五就成了纪念屈原的传统节日。史料记载,公元前278年农历五月初五,楚国大夫、爱国诗人屈原听到秦军攻破楚国都城的消息后,悲愤交加,心如刀割,毅然写下了绝笔作《怀沙》,抱石投入汨罗江,以身殉国。沿江百姓纷纷引舟竞渡前去打捞,沿水招魂,并将粽子投入江中,以免鱼虾蚕食他的身体。这一习俗绵延至今,已有2000多年。

端午节的习俗主要有吃粽子,拉露水擦眼、洗脸避免脸上生疮长痘,在门框上插艾驱瘟辟邪,给孩子系长命五锁期盼孩子健康成长、长命百岁等。

中秋节

我国古代很早就有祭祀月亮的礼俗。据《周礼》记载,周代已有"中秋夜迎寒""秋分夕月(拜月)"的活动;农历八月中旬,又是秋粮收获之际,人们为了答谢神祇的护佑而举行一系列仪式和庆祝活动,称为"秋报"。中秋时节,气温已凉未寒,天高气爽,月朗中天,正是观赏月亮的最佳时令。因此,后来祭月的成分便逐渐为赏月所替代,祭祀的色彩逐渐褪去,而这一节庆活动却延续下来,并被赋予了新的含义。今天的中秋节被赋予了全家团圆的意义。

吃月饼、赏月、赏菊花成为中秋节的风俗。

重阳节

农历九月九日,是中华民族的传统节日"重阳节",又称"老人节"。因为《易经》中把"六"定为阴数,把"九"定为阳数,九月九日,日月并阳,两九相重,故而叫"重阳",也叫"重九"。古人认为这是个值得庆贺的吉利日子,并且从很早就开始过此节日。

九九重阳,因为与"久久"同音。九在数字中又是最大数,有长久长寿的含意,况且秋季也是一年收获的黄金季节,重阳佳节,寓意深远,人们对此节历来有着特殊的感情,唐诗宋词中有不少贺重阳,咏菊花的诗词佳作。

今天的重阳节,被赋予了新的含义。1989年,我国把每年的九月九日定为"老人节",传统与现代巧妙地结合,成为以"尊老、敬老、爱老"为主题的节日。

其他风俗习惯

通过调查,我们还了解到家乡一些其他的风俗习惯。

二月二,撒灰囤。即在农历二月初二早晨,人们用做饭烧下的草木灰撒成盛放粮食的囤子的形状,以此来企盼新的一年有好的收成:五谷丰登,粮食囤满仓满。二月二,吃糖豆。期盼新的一年生活甜甜蜜蜜、幸福美满。

农历二月初五,即墨省级高新区东皋埠村逢山会,人们都从四疃八乡赶来参加山会,以此来祈求龙王护佑新的一年风调雨顺,庄稼有个好收成。

农历四月十五日,即墨市灵山逢山会,方圆近百里的人也都赶来参加山会,给老母烧纸、上香、磕头,祈求灵山老母保佑全家健康、平安。

每年的春季,即墨市田横镇周戈庄村举行祭海仪式。仪式上,人们将提前做好的面食如大寿桃、升虫和猪、鸡、鱼摆好。猪以黑毛公猪为佳,越大越好,宰杀后刮毛,只留猪脖上一撮黑毛(代表是带毛的全猪),并用红绸布打结而成的红花带披挂在猪头和猪脖子上。鸡要选个头大的红公鸡,鱼要用大个的鲈鱼。供奉东海龙王,祈求新的一年出海打捞平平安安、渔业大获丰收。

民间传说

家乡的民间传说主要有七月七牛郎织女鹊桥相会的传说、即墨秃尾巴老李传说、即墨灵山老母传说、天柱山民间故事等。这些民间故事人物个性鲜明、情节曲折感人,充满了传奇色彩,寄托着人们对美好生活的向往和期盼。

应该说,以上是一份较为详尽的调查报告。学生通过对家乡传统节日、民风民俗的走访、调查、研究,充分地感受到家乡传统文化的源远流长,体验到家乡风俗文化的博大精深,对中国传统文化的敬畏感油然而生。家乡深厚的传统文化内涵深深地烙在每一个学生的心上,家乡浓郁的传统文化底色浓浓地涂在每一个学生的心间。学生受到了深刻的传统文化教育、民风民俗教育、爱家乡和爱祖国的教育,同时热爱家乡、建设家乡的强烈情感也得到了培养。这样,对学生来说,爱家乡不会再是一句空话,而是变成了一种自觉的行动。例如,在学校组织开展的"我为家乡增新绿"为主题的植树活动中,学生个个情绪高涨,踊跃参与,挖坑,插苗,浇水,培土,用自己稚嫩的双手为家乡栽下了一棵又一棵小树,用实际行动来装扮家乡、绿化家乡、美化家乡。又如,在即墨市开展的"美丽乡村创建"活动中,学生积极响应,有的走进社区、居民小区义务发放"美丽乡村创建"活动的宣传材料;有的走上街头清理墙上、电线杆上张贴的小广告;有的与家长一起直接参与到自己村里的环境卫生整治活动中,砌排水沟,平整路面,栽植花草树木,尽自己最大的努力与家长一起改变村容村貌,用实际行动诠释了他们对家乡浓浓的情和深深的爱。

（2）对家乡民间艺术的调查。

下面是即墨省级高新技术产业开发区中学初二（6）班学生的调查报告。

家乡民间艺术的调查报告

通过一个多月的参观、走访、查阅资料,我们发现即墨有很多丰富多彩、技艺精湛的民间传统艺术,我们将它们大体上分为五大类。

编织类

花边:1910年,即墨艺人把意大利花边制作技术引入当地,并结合民间编织、刺绣的特点,在工种、针法、图案上不断创新和改进,逐步形成了独具民族风格和地方特色的即墨镶边。自1956年成立即墨花边厂以来,已由初期的几个品种、十多种规格发展到台布、餐套、床罩、沙发套、衣领、伞面、钢琴罩等十几个品种2300多种不同花色和规格。"即墨花边"是一项优秀的民间传统抽纱工艺,因其针法工艺独特、造型宛如浮雕,在国际市场被誉为"抽纱行业的妙品瑰宝"。

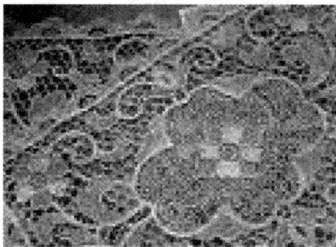

图案美丽的花边

草编:农民利用玉米皮、庄稼秸秆等原料进行的工艺品深加工制作,如玉米皮垫子、篮子、帘子等都是草编工艺品。其中,农民编织的手提袋、水果篮、收纳箱、草帽等工艺品美观、精致,远销欧美、日本、俄罗斯等国家和地区。

造型美观的草编：桌子、凳子和篮子等

柳编：家乡不少村庄有着柳编制作的历史。秋末，人们将栽植的条子收割后，放到湾里、河里浸泡一段时间，等条子达到一定的韧度后便捞出来编制各种农用工具，如家里用的篓子、框子、囤子等等。

做工细致的柳编：篓子、笼子

竹编：即墨市龙山街道办事处官庄村的竹编距今有500多年的历史。人们将竹竿切开，用竹皮编制"筛子""篓子"等20多个品种的家庭用品。当时几乎家家户户都会，成为村民在农忙之外赚取零用钱的主要途径。据称，当时沿街行走的货郎都愿意到刘家官庄村来，货品销售得特别快。"筛子官庄"一时名头在外，传了一辈又一辈。

精致的竹编：茶壶、小篓子

毛编：家乡的妇女用灵巧的双手将毛线编织成图案优美、色彩鲜艳、样式新颖的帽子、围巾、上衣等服饰。手工织毛衣一般用三根针，或竹针或不锈钢针。孩子过百岁、过生日或重大节日，妈妈或姑、姨一般都会织件漂亮的毛衣作为礼物送给他们。

图案精致的毛编:毛衣

面食类

面食升虫、刺猬、燕子和寿桃都是吉祥的象征。一般在孩子过百岁、老人过生日以及各种重大节日时用,是当地家庭主妇拿手的面食手工作品。

活灵活现的面食:升虫、刺猬等

炸麻花也是民间农妇们主要的面食手工作品。冬闲时,农家妇女们会将面粉、水、糖和煮熟的地瓜和在一起,搓成形状各异的麻花,放在烧开的油锅里炸熟,然后成为人们餐桌上香脆可口的食品。

香脆可口的麻花

即墨麻片:即墨麻片是山东省传统的汉族名点。麻片呈浅黄色,厚度1.5毫米,具有香、脆、甜等特点,在全省享有盛誉。它的主要原料有面粉、白糖、花生油、芝麻仁、水等。它出现于晚清时期,始创于茶食店"馥郁斋",具有200年的手艺。随着时代的变迁,零食已是五花八门,但麻片依然能勾起不少老即墨人的儿时回忆,很多人都喜欢即墨麻片这种口味。

色、香、味俱全的即墨麻片

文艺类

即墨柳腔：被誉为"胶东之花"的即墨柳腔是山东省青岛市独有的一个比较古老的汉族戏曲剧种。它始于清朝乾隆年间，是从山东境内广泛流传的"本肘鼓"的基础上演变而来的，源于即墨西部的沽河流域，流传于胶东地区，距今已有200多年的历史。每逢年节庙会，艺人们便临时搭班登台演出。现在村庄很多老人都会唱柳腔戏。柳腔戏也深受人们喜爱。

雕刻类

磕(ka)子：被评为青岛市级非物质文化遗产的即墨葛村饽饽磕子，距今已经有300年的历史。葛村的人们从生活中汲取灵感，从自然中获取素材，经过雕刻等艺术加工，代代传承发展起来。"饽饽磕子"至今已达数百种。按使用情况分门别类，年节用的有莲蓬、花篮、穗子、葫芦、荷叶、寿桃磕子20多种；喜庆用的有寿、喜、福等吉祥图案。此外，动物形象的磕子有猴、鸡、凤凰、狮、虎、蝉、猴等十多种。

雕刻精致的磕子

剪纸：人们采用剪刀，巧妙地将不同颜色的彩纸剪成各种各样的动物、植物、人物和自然风景等惟妙惟肖的图案，如雄伟的狮子、报晓的公鸡、绽放的梅花、慈祥的老人等，是家乡最常见的手工剪纸作品。人们在逢年过节、结婚生子的吉祥日子里，常常将各式各样图案精美、形象逼真的剪纸张贴在窗上、门上、墙壁上，营造出喜庆、愉悦、祥和的氛围。

惟妙惟肖的剪纸：小孩庆新年、老虎

制造类

酿酒:这是家乡民间传统的技术,人们通常利用自家生产的粮食或水果酿制成各种酒饮用,主要有黍米酒、地瓜酒、樱桃酒、葡萄酒等。

其中,即墨老酒是家乡的酒中奇葩,是中国古典名酒之一,是黄酒中的珍品,其酿造历史可上溯到 2000 多年前,有正式记载的是始酿于北宋时期。其风味别致,营养丰富,酒色红褐,盈盅不溢,晶莹纯正,醇厚爽口,有舒筋活血、补气养神之功效,深得古今名人赞许,誉满世界,畅销海内外。

因原料不一样,造酒的方法也各不相同。即墨老酒是以黍米为主要原料,经过煮、加曲、糖化、发酵、压榨、过滤、煎酒、贮存、勾兑(新老酒)等十几道程序加工而成的酿造酒,具有独特的酿造工艺和典型的地方风味。而民间葡萄酒的制造相对简单,具体做法是:人们将采摘好的葡萄用水冲洗干净后,放在阴凉通风的地方晾干,然后将葡萄粒摘下来放到瓷缸里,用手全部捏碎,再按照一定的比例放上些冰糖,用木棍搅拌均匀,最后用厚纸或塑料纸将缸口扎好,隔三五天用木棍均匀地搅拌一次,就这样经过一个月左右的发酵,将葡萄汁过滤出来就可以饮用了。葡萄酒的作用可大了,能舒筋活血,据说还可以治颈椎病、肩周炎等。

老宏祥豆腐乳:该豆腐乳是我们即墨高新区东牛齐埠村村民董正礼在家传秘方的基础上采用先进的加工技术,用小块的豆腐做坯,经过发酵、腌制而成的食品,其营养丰富、美味可口,是家乡餐桌上不可缺少的菜品,畅销省内外。

制作类

泥老虎:它是家乡老人们独特的手工作品。"小老虎,贺新年,咕嘎咕嘎两毛五……"在即墨地区,流传着"泥老虎"贺新春的民谣。制作一只"泥老虎"需要 30 多道工序。即墨"泥老虎"在车家沟村有着 150 多年的制作传统,在当地非常有名,并远销烟台、威海等地,成为那个年代的儿童们最美好的记忆。现在,即墨"泥老虎"已被列入"非遗名单"。

形象逼真的泥老虎

泥塑:作为一种古老而又常见的民间艺术,艺人用灵巧的双手将泥巴捏成一个个活灵活现的动物、人物等形象,如机灵可爱的卡通人物,憨厚朴实的大黄牛,憨态可掬、形神兼备的弥勒佛,慈眉善目、德高望重的老寿星等。泥塑是少年儿童最喜欢的手工艺术作品之一。

玲珑可爱的泥塑：卡通宝宝、恐龙

布娃娃：作为家乡独特的手工艺术作品，老人们会利用剩下的布料、棉絮缝制成颜色不同、形态各异的布娃娃，如小老虎、小狗、猪八戒等，或作为房间装饰品，或送给孩子们玩。

逼真可爱的布娃娃：小老虎、孙悟空

即墨市店集镇店东屯村的风箱是当地适用的木工手工作品，为农村家庭生火做饭提供了极大的方便。

还有，用地瓜做粉条、用黄豆做豆腐等都是家乡传统的民间艺术。

经过一个多月的时间，学生深入到村庄、农户及即墨非物质文化遗产博物馆，对家乡的民间艺术进行了深度的走访、调查，拍摄了大量的图片，搜集了大量的资料，并图文并茂地展现和介绍了家乡多种各具特色的艺术作品。在调查过程中，学生详细了解了家乡民间艺术的种类、发展历程、制作方法和品牌特色，亲眼看到了家乡部分艺术作品的制作过程，亲身体验到这些民间传统艺术的精湛技艺和独特魅力，深切感受到家乡艺术的美以及家乡憨厚朴实的劳动人民的智慧、灵巧和勤劳。这样，学生不仅受到了民间艺术的感染和熏陶、提高了审美意识，还增强了对美的追求，增强了对民间艺术的爱、对家乡劳动人民的爱和尊敬以及对家乡深深的爱。而且通过这种深入的调查、深刻的体验，学生受到的教育是深刻的，产生的效果也是持久的、难忘的。日后，不管是学校举行的以"爱家乡"为主题的征文比赛、绘画比赛、手抄报比赛，还是演讲比赛、讲故事比赛，学生总有写不完的事、说不完的话。他们在字里行间，在挥毫泼墨中，在声情并茂的演说中，都将家乡的一人一物、一草一木描述得活灵活现、尽善尽美，淋漓尽致地表达出自己对家乡那种难以割舍的情、无法替代的爱；同时，每个学生在活动中都自然而然地流露出难以掩饰的兴奋与自豪。

4. 对成长中所需费用的调查研究

引导学生调查自己在成长的过程中所花的费用，能够培养他们孝敬父母、感恩父母的意识。

孩子在成长过程中，往往意识不到自己在衣、食、住、行等方面给家庭造成的巨额消费，也体会不到父母在他们身上付出的心血。但是，如果让他们亲自调查自己从出生到高中毕业这十七八年来在生长、生活、学习等方面所花的全部费用，并认真分析、统计各项费用的来源以及每一项费用需要的工作强度和工作总量以及需要父母付出的精力和心血等，会使学生茅塞顿开，深刻地体验到父母在自己的成长过程中付出的艰辛和心血，使学生的心灵受到强烈的震撼，增强他们对父母的情感和爱，从而能懂得孝敬父母、感恩父母、回报父母。

在《德育报》上，我曾看到过这样一个事例。

为了让学生学会感恩父母、感恩社会，重庆市丰都县高家镇中心校要求全镇学生向父母等身边人调查并计算自己从出生到高中阶段在生活起居、穿衣戴帽、医疗卫生、教育培训等方面父母对自己的付出，并写出内心感受。学生按照自身成长的不同阶段分别进行了深入调查，并列出了详细的清单进行详细计算。其中，学生们在0～3岁这一阶段调查到的且需计算的信息有保姆费以及一次性尿布、奶粉、营养品、服装、图书、玩具、动画片DVD、体检、疫苗、儿保、看病等支出。由此可以看出，学生仅0～3岁的花销就不是个小数目。

就这样，通过深入调查、认真计算和细致分析，通过一组组具体的事项和巨大的资金数额，学生充分认识到自己在成长过程中所需的费用之大，深刻地体验到自己在成长过程中父母为自己的艰辛付出，体验到父母养育自己的不容易，深受震撼，懂得了感恩和回报。学生纷纷表示，要好好孝敬父母，在家中多承担一些责任，多帮父母解忧排难，对父母的付出要懂得感恩、懂得回报。

二、不良的现象或行为

调查研究也可以从社会上一些不良的现象或行为入手，引导学生在调查研究的过程中，深刻地认识到不良行为给社会造成的负面影响，从而引起他们强烈的心灵震撼和自我反省促使他们提高道德认知水平、形成良好的道德行为。

1. 对迷恋网络行为的调查研究

引导学生对迷恋网络、沉溺于网络游戏等不良行为的调查研究，能使学生深刻地认识到不良网络游戏的危害性，增强他们对网络等不良诱惑的防范意识和抵抗能力。

有人曾说，"网络是危害青少年成长的第一杀手"。可以说，不良网络内容对青少年造成的危害防不胜防，造成的伤害程度也是十分严重的。但是，对于不良网络内容的危害性，无论我们怎么强调，学生根本认识不到，甚至对其仍然兴趣十足，整日处于痴迷状态。而引导、组织学生通过走访、查资料等形式，调查因沉溺上网而致使身体、精神受到伤害或走上违法犯罪道路的案例，并认真分析事件的发展过程及造成的不良影响，可以使学生切实体验和认识到迷恋网络的严重危害性,他们的心灵会受到强烈的震撼、内心会受到深深的谴责,从而能增强对网络的防范意识和抗诱惑能力,真正远离低级、庸俗的不良网络内容,做到绿色、健康地上网。

例如,在讲授思想品德七年级下册《抵制不良诱惑预防违法犯罪》一课时,针对班里部分学生迷恋网络游戏的现象,笔者以"中学生迷恋网络的危害性"为题,让学生进行深入的调查研究。学生通过查资料,在网上搜索到这样一组数据(中国青少年研究中心向媒体发布的《青少年网络伤害课题研究》的调查结果):据统计,犯罪青少年组中有144人上网,占被调查人数71.3%;中学对比组有156人上网,上网率高达83%。同时,他们还在报刊上找到几个因迷恋网络而深受其害的案例:家住青岛市胜利桥附近的17岁男孩想去上网,遭到父亲的阻止,从八层楼上跳下不幸身亡;16岁双胞胎兄弟为上网,抢钱并掐死邻居"姥姥";福建龙岩市武平县实验中学17岁的初中生小钟,模仿网游杀害同班女同学。

然后,笔者又引导学生思考:通过这几组数据和三个具体的案例反映出了什么问题?学生通过对上面两组数据的分析、比较和对三个案例的深入剖析,一致认为有些初中生对网络过于迷恋,而且认识到迷恋网络是导致青少年犯罪的主要原因。因此,他们深刻认识到痴迷网络的严重危害性,并且预感到如果自己现在对网络仍痴迷不悟,同样也会深受其害,甚至走上违法犯罪的道路。学生内心受到了强烈的震撼,如梦方醒。他们纷纷表示:一定要克制猎奇和盲目从众心理,提高自控能力,远离不良的网络游戏和低级庸俗的网络内容,真正做到健康上网、绿色上网、文明上网。

2. 对浪费行为的调查研究

引导学生对人们日常生活中浪费行为的调查研究,有助于培养学生的节俭意识。

针对饭店、食堂餐桌上存在的剩饭、剩菜的浪费现象,近期,中国科学院通过调查显示:全国每年在餐桌上浪费的饭菜是1700~1800吨。这是一个多么令人吃惊的数字啊!

勤俭节约,是中华民族的传统美德,节约资源是促进社会生态文明建设的良好举措。而建设生态文明关系到人民福祉,关乎民族未来,是实现中华民族伟大复兴的中国梦的重要内容。因此,我们必须教育和培养孩子从小就懂得节约,养成勤俭节约的良好行为习惯。

反面教材往往能起到更好的正面引导、教育的作用。学生通过深入的调查,发现人们的不良行为造成的巨大浪费已经严重威胁到国家的资源。学生经过认真的类推分析,觉察到这种行为如果毫无节制地持续下去,将会给社会造成不可估量的严重后果时,内心深受触动,并深刻地认识到日常生活中浪费行为的危害性、可怕性和严重性,从而增强节俭意识,并切实付诸自己日常的实际行动中,养成良好的节俭行为习惯。

北京市资中东路小学四(3)中队的周芷竹同学发现,现在人们大部分用纸巾,很少用手帕了。于是,在辅导员老师的指导下,大家开始了调查研究活动。首先,他们通过对100多名行人的走访,了解到只有一位老奶奶在使用手帕,其他的人都使用纸巾。接着他们通过全面考察,发现纸巾用完后乱扔的现象对城市环境造成了一定的污染。随后,他们又到一家小纸厂进行了实地考察,发现因缺少污水处理,纸厂排放的污水直接流入河中,对水资源造成了严重的污染。第四步,进行查阅分析。学生通过查找资料了解到每生产一吨纸就要伐 17 棵树,而我国年人均消费纸巾 1.74 千克,这就意味着一年将砍伐 1000 万立方米的森林,这将对水土保持和环境污染造成极大的影响。而一条手帕只需 2 元钱左右,一年也就三四条,远远要少于人均 100 元左右的购买纸巾钱。

通过深入的调查、细致的分析,尤其通过对用纸巾和伐木的数字统计、对比、分析,孩子们充分而又深刻地体验和认识到常年使用纸巾不仅花钱多,而且会造成环境污染、森林毁灭和水土流失,由此产生了保护环境的责任感和使命感,从而增强了环保意识、节约意识和良好的生态保护意识,并能自觉地转化到自己的实际行动中去。

同样,一位教师在讲授九年级"建设资源节约型、环境友好型社会"专题时,提出了"一次性筷子使用情况的研究与反思"的研究性学习课题,要求学生通过上网查资料、实地考察、社会调查、撰写调查报告等方式完成这个学习任务。后来,学生通过上网查找有关一次性筷子制作的资料,到学校小食店或到本校附近的餐馆、小食摊等餐饮点调查一次性筷子的使用情况,设计制作问卷调查表调查对使用一次性筷子危害性的认识,召开调查总结大会交流调查成果和体会,在老师的指导下撰写调查报告等,对使用一次性筷子造成的危害有了深刻的体验。在报告中,学生提出许多解决"一次性筷子"问题的建议和对策。有的建议:通过各种方式宣传使用"一次性筷子"的危害性,引导消费者自带筷子到小食档用餐;有的建议把"严禁使用一次性筷子"写入法律,发挥相关部门的作用,不断加大监管力度和执法力度,对生产、销售、使用一次性筷子的企业和人员进行全面查处、曝光并给予重罚。

学生经过亲身调查、实地考察、认真分析和撰写调查报告,体验非常深刻,认识到使用一次性筷子令人触目惊心的危害性,认识到我国当前面临的资源问题和环境问题,认识到良好的生态环境对民生、对社会、对人类的重要意义,懂得了"要像保护眼睛一样保护生态环境,要像对待生命一样对待生态环境"的含义,并从内心深处认识到实施可持续发展战略的必要性、落实科学发展观的重要性和大力推进生态文明建设的迫切性。同时,这一活动培养了学生分析问题、解决问题的能力,提高了学生的节约意识、环保意识、生态保护意识,促进了他们节约资源和保护环境等良好行为习惯的养成。

3. 对污染行为或污染现象的调查研究

引导学生对人为污染行为或社会污染现象的调查研究,能够使学生产生深刻的体验和强烈的道德情感,促进学生生成道德智慧、树立强烈的环保意识。

保护生态环境关系人民的根本利益和民族发展的长远利益。习近平总书记指出:"环境就是民生,青山就是美丽,蓝天也是幸福。要像保护眼睛一样保护生态环境,像对待生命一样对待生态环境,把不损害生态环境作为发展的底线。"

保护生态环境是每个人应尽的责任,我们必须采取科学、合理的教育方式,培养学生从小具有良好的生态意识、环保意识。

组织学生通过到污染区域进行走访调查,耳闻目睹被污染的环境惨不忍睹的恶劣状况,能够使他们深刻地体验到污染的危害性;通过对污染行为的深入推测、分析,能够使他们进一步认识到污染行为给人类造成的严重危害。当学生意识到这种危害,不仅能危及人们的生命、生活、生存而且会患及子孙后代时，心灵会受到强烈的震撼，会使他们深刻反思自己的日常行为，努力做到"有则改之、无则加勉"，不断增强环保意识、生态保护意识，树立"绿色生活和可持续发展"的理念，热爱并尊重自然，以身作则，积极投身于各种环保行动中。

下面是《绿叶》对姚远在环保方面成长经历的报道。

2003 年 10 月当选为中国"环境大使"的姚远，进行过多次环保方面的调研，目睹了人们污染环境的行为，充分认识和感受到环境污染给人们造成的危害，于是写了许多有关环保方面的文章，如《参观麋鹿苑有感》《升金湖观鸟记》等，客观详尽地分析了环保给人们带来的益处，树立了强烈的环保意识，并付诸实际行动中。上初一时，看到一些城市处理落叶采取焚烧的办法，严重污染了环境，姚远提出并设计了"城市杨树叶的收集与利用"实验。为了尝试用落叶做羊饲料，她还和同学们在学校饲养了两只小羊。另外，她还为学校垃圾桶分类设计了新的指示牌，给学校的送餐公司写信建议取缔一次性筷子，建议学校把水龙头改成控水式的。

三、真、善、美等正能量

调查研究可以从真、善、美等社会正能量入手，使学生在调查研究的过程中，体验到真、善、美的积极意义，身心受到感染和熏陶，增强对真、善、美的情感，提高对真、善、美的认识，形成良好的道德行为。

1. 对"美"的调查研究

对"美"的调查研究，可以增强学生对"美"的热爱和追求。

只有认识到美的意义，才能热爱美、追求美。组织学生通过调查社会上美的人物、美的行为、美的事件，能够使学生的身心真正触摸到美、感受到美；通过分析美的人物、行为、美的事情及其产生的积极、良好的社会效应，能够使学生充分认识到美的意义，体验到美的价值，提高对美的认识，增强对美的爱和追求。

浙江富春三小组织学生开展了"寻找身边最美的人"活动。学校引导、组织学生走进社会大课堂，通过调查、分析、比较，在找出身边最美的人物的过程中，对最美人物的事迹留下深刻的印象，得到了"最美"的浸润，体验到"美"的魅力，提高了审美意识，增强了对"美"的爱和追求，在寻美的过程中知美、学美、爱美。

2. 对积极的行为或现象的调查研究

对社会上某些积极向上的行为或现象的调查研究，能唤起学生自我教育的意识，促进学生积极进取以及不断地、更好地发展。

组织学生经常深入企业、社会服务团体进行走访、调查，可以使学生充分感受到它们先进的管理理念，厚重的企业文化；可以体验到工作人员无私、敬业、奉献的工作精神和勤奋、扎实、高效的工作作风；通过与自己比较，可以从中认识到自己的不足，激发以此为榜样，努力学习，不断提高自身素质的欲望。组织学生经常深入社会，对社会上一些热点问题进行跟踪、调查和分析，可以使学生体验到热点问题蕴含的积极意义并受到一定的影响,或认识到其不良的一面,并能从中得到深刻的启示和教育。

《上海教育》刊登了上海市信息技术学院班主任黄虹老师对学生持续不断地职业指导和人生陪伴教育的事例。

在学习了《食品分析》一课后,黄虹老师带领学生走进乳制品厂。在亲身体验交流的过程中,学生感受到厚重的企业文化,对企业要求的敬业、合作、责任、诚信的职业素养有了进一步深层次的理解。课余时间,她指导学生采访地沟油问题,去大型超市关注食品的绿色标志、食品的添加剂、保质期等。学生自行设计调查问卷,采访市民,拍回视频和照片。"在系列的主题教育上,学生因为有经历、有话题分享,交流很踊跃,我看到了他们久违的自信,唤起了学生自我教育的原能力。"黄虹老师如是说。也正是在一系列调查活动的过程中,学生才有了丰富的阅历,体验到了一些东西,内心受到了深深的触动,提高了道德认识,因此才唤起了学生自我教育的意识。

四、大自然

调查研究可以深入到大自然中,使学生在调查研究的过程中体验到大自然无穷的奥妙和乐趣,增强对大自然的情和爱。

1. 对野生动物的调查研究

对野生动物的调查研究,可以增强学生保护野生动物的意识。

野生动物的生活区域离我们较远,因此人们对它们不够了解,也难以对它们产生深厚的感情。引导学生通过调查野生动物的生活习性、生长环境、生长规律,分析环境对野生动物成长的影响,不仅能够加深学生对野生动物的了解并对野生动物产生一定的情感,而且能够使学生树立起爱护野生动物的意识,并呼吁人们共同努力为野生动物创造良好的栖息和生存环境。

每年春暖花开之际,我们的家乡都会有大批候鸟陆陆续续到来。为了更加深入地接触和了解候鸟,笔者经常组织学生到家乡的万华山或龙华河畔的护河林里去观察各种各样的鸟儿,包括柳雀、布谷鸟、柳燕、三道眉还有许多叫不出名字的鸟儿。它们体态不一、颜色各异、叫声悦耳动听,给人一种美的享受,学生对它们都非常喜欢。回来后,笔者让学生调查候鸟迁徙到家乡的日期、候鸟的种类,探究家乡适宜候鸟生存的气候、环境特点等。

就这样,在对鸟儿的观察、调查、探究的过程中,学生不仅掌握了很多关于鸟类的常识,而且体验到鸟儿的俊俏可爱和探究鸟儿的乐趣,逐渐对鸟儿产生了感情,增强了爱鸟意识,并以实际行动积极投身于爱鸟护鸟的活动中。学生首先以班集体的名义向学校全体同学发出了"关爱小鸟,从我做起"的倡议书;然后经过精心组织、设计,分别办了以"积极植树造林,为鸟儿创造美好家园"为主题的手抄报、黑板报。同时,有的学生利用周六、周日休息时间结伴走山穿林,解救被猎人网捕的鸟儿,拆卸捕鸟工具,还有的学生用纸盒在树上为鸟儿做了个舒适的家。

2. 对稀有动物的考察

学生在探险之旅中接触野生动物,也能增强对它们的爱。

去年圣诞寒假，美国霍奇基斯高中 10～12 年级的 90 名学生，完成了为期三周的南极探险之旅，考察了南极半岛及其周围的岛屿。旅行中，学生观察鲸鱼、磷虾群，拍摄帝王企鹅、海豹、冰山的照片，参观了南乔治岛的一个捕鲸站。随行的南极科考专家给学生开讲座，教授生态学和当地历史。

学生通过亲自考察，了解了在南极生活的各种动物，体验到南极动物的稀有珍贵，树立起保护南极动物的强烈意识。

第五节 情境体验道德教育

道德规范在特定的情境中才具有道德的生命力，离开了情境，规范只是一些抽象的词语、概念，就失去了道德教育的价值。

美国的雷斯特（J. Rest）在详细分析特定道德行为产生过程中的构成因素时指出，研究表明一个人对道德情境的理解能力越差，对情境的道德敏感性越是缺乏，产生道德行为的可能性就越少。

"威胁学校工作的巨大危险，是缺乏养成渗透一切的社会精神的条件，这是有效的道德训练的大敌。"（《民主主义与教育》）杜威认为，对儿童进行社会精神的培养必须要在生活情境中进行。

我国教育专家尹后庆也指出："情景是学生核心素养培育的途径和方法，是核心素养实现的现实基础。"

同样，"具身认知"论认为，情境性是个体认知的重要条件，有无情境、情境是否生动对能否唤起个体体验是至关重要的。学生在学习过程中是否能产生具身体验，取决于教学情境的生动性与逼真性，情境越生动、越逼真就越能引发生命个体的身体体验。特别是在学习抽象的道德理念时或者学生缺乏已有感性经验时，情境的再造与渲染显得更为重要。

因此，对学生进行道德教育时，如果创设一种与教育主题密切相关、适合学生的身心发展特点和需要的情境或氛围，引领学生置身其中，或引导学生直接走进大自然中，用身心充分体验各种感觉通道的感受，让其能够充分听到、看到、嗅到、触到甚至是尝到，真正产生身临其境的感觉，从而诱发和强化行为主体的具身效应，就会产生非常好的教育效果，就能更好地促进学生良好的道德行为的发生和核心素养的形成。

一、教师创设的情境体验

教师创设情境体验的方式主要包括以下几种。

1. 布景创建式

教师运用平面绘画、立体造型、光影技巧等艺术处理，为学生创造一种与教育主题相关的特定的环境或氛围，能促使学生更快地进入角色，获得较为真切的体验，为学生更好地接受教育奠定一定的基础。

前苏联的帕夫雷什中学非常重视布景建构,他们将故事室里的布景和各种模型构成一种童话环境。例如,一个角落里是森林、鸡爪支撑的小木房和猫头鹰以之为家的树洞,这让人联想到讲老妖婆的俄罗斯民间故事;另一个角落里则是胶合板模型布置的关于天鹅在背上驮走小男孩的乌克兰童话的布景;又一个角落里是安徒生某篇童话的场景;第四个角落里则是日本童话的场面。引领学生进入布设的场景中,自然会让他们体验到每个角落的布景所蕴含的寓意,从而产生积极的情绪和审美意识。在这样的环境中朗读或讲述故事,因学生有了深刻的体验,会在心里留下不可磨灭的印象,受到更深刻的教育。

2. 情景感悟式

在教育教学中,对学生存在的问题,如果教师能创设一定的场景,引导学生通过对其中相关的事物进行演示和设想,体验到其中蕴含的道理,就能提高学生的道德认知水平,并使他们受到深刻的教育。

建筑大师黄汇的这个事例就是一个很好的见证。

清华大学四年级的时候,黄汇有一个设计方案受到大家的夸奖,飘飘然地拿去给梁思成先生看。梁先生看后什么夸奖的话也没有说,便让黄汇下楼去拿一个碟子、一个碗上来,再把书架下的一个小陶土罐子拿出来,让他灌了大半罐子水,然后对黄汇说:"你看,这半罐子水不满,有人会对它在意吗?可是现在你把这水倒在碗和碟子里直到溢出为止,然后人们会惊呼水太多了,水真多,你可千万别把自己捏成碗,更不要捏成碟子,那就没出息了。"

黄汇在回想罐子的事时,先生换回他的思路,嘱咐道:"每当你做成一件事受夸奖时,一定要冷静地去调查一下还有什么不足,甚至勇敢地问一问有没有错误,认真总结,定出新的目标,这是不断进步的诀窍。要记住,我今天的话很重要。"

梁思成先生的话,黄汇铭记至今。(摘自《意林》2017.2)

笔者想,正是梁思成先生发现黄汇骄傲的心理后,将问题放到具体的生活情景中去,引导他通过对同样的半罐水设想再分别装在碗、碟子等不同容器的情景,使他体验到同样的水在大小不同容器中的状态,从而悟出"同样的夸奖在不同境界的人身上会有不一样的表现"的道理。因此,黄汇提高了道德认知水平,并受到了"取得成绩受到夸奖时,一定要冷静地查找不足,总结经验教训,定出新的目标"的深刻教育,所以铭记至今。

3. 亲临其境式

组织学生亲自到现场去感受和体验其情境蕴含的或悲壮感人或富有积极意义的气息和氛围,使他们身心得到陶冶、灵魂得到洗礼后,他们会产生强烈的情感,进而受到积极的影响和深刻的教育。

前苏联帕夫雷什中学的老师为了激发学生的感激之情和发愤图强的斗志,在给孩子们讲述国内战争和伟大卫国战争年代英烈们为争取祖国的自由独立、为摆脱剥削者的压榨而进行的斗争时,就采取了亲临其境的教育方式。教师先把孩子们领到村边,指给他们看那块在国内战争年代曾发生过悲惨事件的地方白卫军在这里枪杀了一批因受伤而落入敌人之手的游击队员；再带领孩子们来到河边瞻仰用石块砌成的见证苏军战士们英雄业绩的陵墓。接着老师又声情并茂地说，祖国的每一寸土地在伟大的卫国战争年代洒遍了为捍卫祖国自由独立而斗争的战士们的鲜血。他们献出了生命，为的是能让你们自由幸福地生活。孩子们要珍惜祖辈先烈们不惜一切代价为你们换来的美好生活。肥沃富饶的土地、金色的麦浪、繁茂的果园将是对英雄们的最好缅怀。

孩子们置身于悲壮、感人的情境中，再加上老师动情的讲解，每一个孩子的心灵都受到了深深的触动，进一步激发了他们对誓死而战的英烈们深深的钦佩之情、感激之情，激发了孩子们为建设富强祖国而自强不息的豪情壮志。

组织学生深入到艺术场所参观、学习，也是亲临其境的体验方式。

北京市第五中学徐淳老师带领孩子们到国家大剧院观看瑞士芭蕾舞《吉赛尔》，到长安大剧院欣赏京剧《秦香莲》，参观人艺博物馆并在首都剧场观看话剧《阮玲玉》，让学生亲临现场了解并感受不同艺术的魅力，在耳濡目染中使学生的身心受到美的熏陶和教育，增强对美的热爱和追求

4. 影视式

电影是以现实生活为基础，通过曲折感人的故事情节来重塑生活、再现生活的。在影片播放中，引领学生适时地走进影视作品所展现的情境中，走进主人公的内心世界中，与主人公感同身受，真实地感受电影传递的各种令人震撼的力量，体验和辨析电影所展现的现实生活中的真假、美丑和善恶，会引发学生强烈的道德情感，提高他们的道德认识水平，使他们形成正确的是非观、价值观和人生观。

林甲景老师通过组织全校师生统一看电影，围绕电影的教育、艺术价值设计主题班会、举办现场讨论会和影视德育沙龙，开展"一句话感悟"评比，推荐同类经典影视作品再欣赏等活动，使学生受到了深刻的教育。学生的影评、观后感中出现了很多出奇深刻的言论和思想。如观看《放牛班的春天》后，学生写道："十恶不赦的孩子是没有的，即使坠落深渊，只要拉他一把，总会逃离黑暗的。"观看《感动2012》后，学生写道："令人感动的不是他们有多不容易，而是他们完美地诠释生命、人性——"（《中国教师报》载）

这些深邃的思考、独到的见解，不正是学生在观看影片的过程中产生了一定的道德体验，心灵受到了震撼和洗礼，增强了道德情感，提高了道德认识的影视德育效果吗？

《德育报》报道了浙江省宁波市中诚小学用"微电影"开启校园德育新视界的做法。学校挑选了一些微电影，组织学生在班会课上欣赏，如《脚步》《保护水资源》《三克的梦想》《邻家爸爸》等。这些电影不长，却蕴含着令人回味无穷的道理，挖掘了值得讨论又贴近学生生活的话题，如"执着梦想""珍惜水资源""尊重他人""诚实守信""孝敬父母"等。生动的画面、感人的情节深刻却又不留痕迹地把生活展现在孩子们眼前，传递着震撼人心的力量，比起教师的说教更能触动孩子们的心弦。

看完电影后，教师只是和孩子们展开聊天式的讨论，如"你最喜欢这部电影中的哪个人""这部电影最吸引你的地方是什么，谈谈感受"等。这样的话题没有标准答案，也没有说教部分，却是对孩子内心的一次洗礼。孩子们感触很深，有的说："一幅幅关爱的场景，

一段段引人瞩目的新闻，一片片葱郁的大好河山，都是拍摄微电影的好题材。在我的眼中，微电影也就是生活中无处不在的真正的美。"

笔者想，如果没有在观看微电影过程中产生的体验、受到的震撼和洗礼，学生内心怎么会有如此深刻的感触呢？对美的认识怎么会如此深刻呢？

5. 故事式

故事能营造出良好的教育氛围，是对学生进行道德教育的有效载体之一。而且，爱听故事是孩子的天性，也是他们最愿意、最喜欢接受的教育方式。再说，故事本身情节曲折动人、趣味性浓、感染力强，能够引领学生很快地进入角色，使他们产生强烈的情感，受到不同的感染和启发，形成正确的观念和态度。正如一位名人所说，"优美叙事的伦理是让人去体验、感受，关注一切真实的伦理境遇，而不是如规范的伦理让人被动地接受道德律令"。

在教学中，笔者经常采取讲故事的方式对学生进行道德教育。例如，在对学生进行"刻苦学习、发奋读书、立志成材"方面的教育时，笔者没有向学生讲"应该如何如何地刻苦学习"等一些大道理，而是给学生讲了"发悬梁、锥刺骨""凿壁借光""映雪写字"三个故事，让学生在故事中感受和体验主人公在艰苦的条件下刻苦求学的精神，以便从中受到启发和教育。故事营造出了刻苦、勤奋学习的感人氛围，学生都被故事中的主人公刻苦学习的精神深深地打动，完全融入了感人的故事情节中。故事结束后，笔者又启发学生谈谈有什么感想。学生畅所欲言，纷纷表示以后不再偷懒、贪玩，要珍惜现在优越的学习、生活条件，发奋读书，刻苦学习，长大后做一个有出息的人。这远比教师整天对着学生啰里啰唆、苦口婆心的说教或声色俱厉的呵斥，要他们"刻苦学习"效果好得多。

同样，对学生开展感恩教育活动时，笔者给学生讲了我国历史上著名的"二十四孝"的故事，如吴猛恣蚊饱血、杨香扼虎救父、孟宗哭竹生笋、朱寿昌弃官寻母、黄庭坚涤亲溺器等，营造出了孝亲敬老的良好氛围。而且，每一个故事都感人至深、催人泪下。学生听后深刻地体验到故事中的主人孝敬父母、尊敬长辈、为人正直、一身正气的品行，并深受感动。之后，笔者让学生就最能打动自己的故事写出心得体会，并在全班交流分享，收到了明显的教育效果。学生深受感动并受到启发和教育，不仅增强了学生对父母的爱，而且使他们从内心认识到了孝敬父母、感恩父母是每个人应尽的义务和责任。他们决心以故事中的主人公为榜样，将孝亲敬老行为付诸日常实际行动中。有的学生回家后主动帮父母干家务活，有的学生晚上为劳累一天的父母揉肩、捶背，有的学生帮父母洗衣、洗脚……

山东省莱州市第三实验小学以班级为单位组织学生寻找道德故事。活动以"文明基因——孝、诚、爱"为主线开展，故事可以是书上的，也可以是身边的，找到后讲给大家听，每周一次，让学生在对故事的感悟中成长。同时，学校还组织了道德故事演讲比赛，引导学生将道德故事讲给家人和社区居民听。

学生通过找故事、讲故事、听故事，能较深刻地体验到故事的寓意和主题精神，从中受到深刻的道德教育，从而不仅提高了对"孝、诚、爱"的理解，还将"孝、诚、爱"真正内化为自身的素质，付诸实际行动中。

国外的一些学校也非常重视故事式体验的道德教育。

前苏联帕夫雷什中学经过多年的努力，编辑了一部独特的道德价值文选，里面收集了千百件记述那些忠于祖国、忠于人民和忠于信念的人们建立功勋的事迹。帕夫雷什中学对每一届学生都要介绍文选中的一些优秀事迹，特别是像阿列克塞·米列、德米特里·克鲁吉林、瓦西利·沃罗帕耶夫等人身残志坚、英勇无畏的事迹，极力使这些形象在学生心中形成一种道德的美感。"那些值得他们学习的英雄人物的壮美的道德行为，对于孩子们来讲，犹如灿烂的光辉，为他们照亮了周围的一切"，营造了积极、正义、感人的良好育人氛围，使学生深刻地感受和体验到故事中主人公直面挫折、克服困难、顽强拼搏的精神，从中得到美好的情感感染与精神满足，也从中产生了对生活、生命的赞叹与热爱，内心不由自主地产生敬佩和赞美之情，并受到启发和教育、激励和鞭策。

体验每一个故事蕴含的主题精神，能使学生的身心受到美的感染和陶冶，灵魂得到洗礼，精神得到满足与成长，道德素质得到提升与完善。

6. 表演式

"勿以恶小而为之，勿以善小而不为"，"事情无大小，事事皆教育"。对于学生日常中出现的小问题、小毛病，学生自己根本觉察不到，若单靠空洞的说教难以使他们口服心服、自觉改正。教师不妨指导学生就地取材，将其编成有教育意义的小品、相声、课本剧等富有艺术感染力的作品，声情并茂地展现出来，营造出一种生动、直观的育人情境，使他们从心理上受到震撼，自觉认识到自身存在的问题的严重性，并下决心解决所存在的问题。

例如针对个别中学生染上抽烟的恶习而屡教不改时，笔者就地取材，指导、组织学生编排了课本剧《戒烟》。在舞台上，小演员们形象地表演了抽烟给人们带来的种种危害：因驼背走路直不起腰；晚上不停地咳嗽，睡不好觉；从小开始吸烟长大后脸色变得黄中带黑，不用化妆就可以扮演包公包大人了；吸烟的时间越长，寿命就越短，等等，让学生在欣赏和品味中，自我反思，自我检讨，以致对"烟"产生强烈的厌恶感，从思想上真正认识到抽烟的危害性和戒烟的迫切性。效果还真够灵的，几周后，班里原来那些爱抽烟的学生真的与烟拜拜了。

为了提高心理健康教育水平，丰富心理健康教育的载体，增强心理健康教育的实效性，山西省汾西县第二小学自2008年就开始组织学生演出校园心理情景剧，如《减负》《开心面对》《希望你能了解我》等。学生通过校园心理情景剧的剧本创作、剧本演绎，将学习和生活中的道理形象化，从而学会心理调适，增强应对能力，提高心理健康水平。他们把生活中的一件件小事、一个个小小的心理变化搬上舞台，台上的小演员们认真演绎着情感冲突、内心彷徨、对人生的感悟；台下的观众用心体会着人物的心理变化，和小演员一起悲、一起笑，收获了许多乐趣，引发了心灵的震撼。

只有经历过风雨，才能勇敢地面对未来的坎坷。校园心理情景剧的组织、演出，让学生在生动、逼真的情境中，真实地感受和体验到生活中的悲欢离合和喜怒哀乐，使他们的心理素质得到提升、身心健康得以促进，从而能以健康、乐观的心态坦然地面对学习、生活乃至人生中的进步与挫折、成功和失败。

7. 自我解剖式

将学生平时在学校里的不良表现通过视频的形式一一记录下来，过一段时间，再将当时的画面展现给学生，让学生对画面展现的情境进行客观分析、认真反思，这样做往往能使学生更清楚地认识到自己的错误，深刻地体验到自己当时的不当行为可能造成的后果及带来的不良影响，从而痛下决心改正错误，形成良好的道德行为。

"以铜为镜，可正衣冠；以史为镜，可知兴替；以人为镜，可知得失。"以己为镜，可以更清楚地认识到自身的缺点，并能及时改正。平时，笔者总愿意把学生的一些不良表现通过相片或视频的形式记录下来，如学生在校园里追逐打闹、践踏草坪、乱扔垃圾、乱吃零食等，然后制成课件，利用班、队会的时间直观地展现给学生，让学生自己对照着视频上的"我"去分析、讨论，找出问题的症结所在，并说出改进的措施。这样，学生能在自我对照中认识到错误，产生改正错误的动机，从而能够更好地改正错误、完善自我、规范自己的日常行为、养成良好的行为习惯。

8. 现场展示式

学生平时犯下的诸如调皮捣蛋、破坏纪律、浪费饭菜、破坏他人劳动成果等过错，并非完全是他们蓄意而为，大多是因为他们对某些问题认识得不够深刻或意识不到自己的所作所为可能产生的不良后果。如果将他人艰辛劳动的过程用视频的形式详细记录下来，利用道德主题教育班会或课堂教学播放给学生看，通过清晰、真实的画面，营造出生动、形象、感人的氛围，能使学生深刻体验到主人公付出的艰辛和不易，充分认识到他人劳动成果的可贵，心灵会受到强烈的震撼，从而引发对自己曾经发生的浪费饭菜、破坏他人劳动成果等不良行为的深刻反思，从中受到深刻的教育，增强正向的道德情感，形成良好的道德行为。

针对学生就餐时不尊重伙房师傅的劳动成果、随意浪费饭菜的不良行为，城中实验小学在加强对学生的"文明用餐、节约粮食"的教育时播放了事先在饭堂录制的一段视频。

视频显示了从清晨 4:30 起，伙房师傅们淘米、拣菜、洗菜、切菜的忙碌身影。主持人结合视频介绍了昨日用餐的一组数据：西葫芦 420 斤，虾 130 斤，鸡丁 200 斤，胡萝卜 100 斤，豆腐 50 斤，共有 1000 多位学生和 100 多位老师用餐。接着播放了师傅们烹饪的镜头：用大铲子在大铁锅里用力地翻铲，然后把做熟的饭菜一一送到二楼、三楼的餐厅；有的端菜、有的提着汤桶，有的端着馒头，弯着腰像挑山工那样，行走在一级级楼梯上，沉重的步伐、涨红的脸颊……

视频结束后，主持人没有一一提出关于节约的相关要求，只是简单总结了一下："同学们，我们每日的午餐凝聚着多少人的辛勤劳动啊！我们的每一口饭，浸润着伙房师傅、老师和学校对你们的关爱，难道我们忍心把它随意浪费吗？"

整个会场鸦雀无声。此处无声胜有声。此时，在对付出艰辛劳动的伙房师傅们的感恩和对自己行为的深深愧疚中，学生已经深刻认识到平时浪费饭菜行为的可耻，提高了自己的道德认识。

"感人心者莫先乎情。"置身于这种现场展示的情境中，学生会获得终生难忘的体验，会产生难以抑制的情感，会使心灵受到深深的触动，从而产生难以预料的教育效果。

不仅道德主题教育需要营造这样的氛围，课堂教学也需要现场展示式的情境体验。

初中七年级《道德与法治》（山东人民出版社）上册第五课《做自尊自爱的人》第二部分"我自尊 我自爱"中的"尊重他人"指出"尊重他人就要……尊重他人的劳动……"。

在学习这部分知识之前，笔者针对班里一些淘气的男孩上厕所时喜欢打闹，经常把小便洒在墙上、地面上，有时把大便排在坑边的不良现象，拍了一段简短的录像：早晨，学校60多岁且身有残疾的清洁工董大爷半蹲着身子，用刷子用力地擦拭着地面，用水不断冲洗着地面，污渍严重的地方还要反复擦拭好几遍。两个厕所擦完，他已累得脸颊流汗，腰酸背疼。而且，这样的劳动，董师傅每天早晨、中午要各进行一次。

在讲授"尊重他人"这部分知识时，笔者把这段录像放给学生看，画面最后定格在清洁工董大爷的一双手上。那是怎样的一双手啊！粗糙、红肿还列着好多深深的口子，比每一个常年在家种地的老爷爷的手更粗糙啊！教室里格外得安静。董大爷走路一瘸一拐的样子，弯腰擦拭地面的背影，憨厚的、淌着汗水的古铜色的笑脸，粗糙得裂开口子的双手，深深地震撼着孩子们的心灵。学生认真地看着画面，很多学生的眼睛湿润了。那几个平时上厕所爱搞恶作剧的男生，这时满脸通红，惭愧地低下了头。看样子，学生已经体验到清洁工打扫厕所的辛苦，懂得应该怎样尊重他人的劳动、怎样尊重他人了。这节课的教育目标就这样轻而易举地达成了。此后，学生如厕打闹、小便乱洒等现象再很少发生过。

孩子们先前并不知道清洁工董师傅每天对清扫厕所要付出多么艰辛的劳动，通过目睹了董大爷工作的真实场景，深刻地体验到了董大爷清理厕所卫生的辛苦，激发起了同情董大爷艰辛劳动的道德情感，唤起了尊重董大爷劳动成果的意识，因此才懂得了"尊重他人的劳动、尊重他人"的道理，从而改变了以前上厕所大小便不规范的行为，并逐渐形成了良好的道德行为。

9. 当场触动式

平时，学生对自己的一些不良行为习惯往往并不在意，对不良行为习惯造成的后果也认识不到，因此，他们也就很难改掉自身的这些不良习惯。但是，如果在学生不良的习惯行为刚刚发生后，立即组织学生当场了解不良行为习惯造成的后果，给学生"当头一棒"，往往能使学生的心灵受到深深的触动，使他们深刻地感受到不良行为习惯的危害性及其带来的负面影响，并产生愧疚和自责心理，从而努力约束自我，逐渐形成良好的行为习惯。

在《师道》上，笔者看到了这样一个比较直观、形象的教育案例。

为了培养学生良好的习惯、提高学生的素养，山东泰安市泰山区前泰中学在一次升旗仪式上，对学生采取了当场触动的教育方式。在"国旗下故事"环节中，负责德育的董校长让学生将提前准备好的废纸张从衣服口袋里拿出来，揉成纸团，扔在地上，然后让学生立刻向后转过身去，退出一段距离后，再转回身来。这时，学生看着眼前的景象不约而同地发出惊叫——绿油油的草坪上，遍地的白色垃圾亮得扎眼，有的还随风舞动。操场上静得出奇。学生万万没有想到，平时这极不起眼的乱扔纸屑的行为能造成如此狼狈不堪的一幕，不仅破坏了学校的环境，更影响了美观。这时，学生已经深深地认识到乱扔纸屑这种不良行为习惯的危害性,体验到不良行为习惯造成的负面影响,并产生了愧疚之意。在回去的路上,他们都默默地、自觉地将草坪上的纸团一一捡起来。

这种以当场触动学生心灵的方式来引导学生感受和体验不良行为习惯的危害性及造成的后果的做法,对学生来说,影响是深刻的、难忘的,产生的教育效果也是不容置疑的。

10. 情境模拟式

组织学生进入模拟的教育情境扮演一定的角色,开展相关的活动,能使学生在亲临其境中深刻地体会到被模拟对象的生活处境、心理感受,体验到模拟活动所蕴含的教育意义,提高自己的道德认识,增强道德情感,形成良好的道德品质。

为了让学生更深刻地了解、体验盲童生活的不容易,感受不论在什么样的境遇下都应该保持热爱生活、追求进步的阳光心态,笔者组织学生以盲人的身份体验盲童真实的学习、生活状态。上课时,学生用布蒙住眼睛,静静地坐在教室里听老师讲课,回答老师提出的各种问题;下课后,在老师的提示下走进厕所大、小便;课间里,和"盲童"小朋友一起谈心、交流、做游戏,等等。因为设身处地,情同此心,心同此理,仅几个小时的亲身体验,就使学生认识到了光明的可贵,真实地感受和体验到盲人生活的艰辛、行动的困难,对盲人小朋友产生了怜悯和同情的情感,懂得了关爱盲人、关心身边的弱势群体的重要性。同时,学生也树立了无论在什么样的艰苦条件下,都要树立勇于克服困难的信心,坦然地正视现实,勇敢地面对挫折。

《德育报》介绍了四川省宜宾市八中积极开展"模拟法庭"活动的案例。每次"模拟法庭"开庭前,由学校德育处组织师生自编剧本。剧本题材以未成年人的违法案例为主,并指导学生排练。在"模拟法庭"上,审判长、陪审员、辩证人、公诉人、原告、被告和法警都是该校的学生。通过学生亲自参与庭审,让他们在逼真的环境中、在生动的活动中学习法律知识,使学生深深地感受到法律的公正和威严。正如宜宾市翠屏区教育局党委副书记谢明超所说,"模拟法庭的现场感和直观感,能充分激发学生的学习兴趣,帮助他们学法、懂法、守法、用法"。

11. 课程构建式

将道德教育的内容作为一门正式的课程纳入学校正常的教育教学活动中,在课堂上营造出适宜的教育情境或氛围,适时向学生传授有关的道德教育内容,可以使学生心灵得到洗礼、情感得到感染、道德素质得到积淀、生命得到浸润、人格得到完善与提升。

下面是来自于《上海教育》的一个案例。

上海市建平中学将"大师"纳入学校正常的课程中,通过创设"大师"情境,引领学生精神人格的形成。

"数学大师"模块,选择了部分中外著名的数学大师,如牛顿、哥德巴赫、欧拉等20多位,让学生从大师的成长经历中,学习大师的科学精神,感受大师探究问题的精神和方法,激发学生追踪数学大师、探究未知数学领域、培养爱数学的情感。

"语文大家"系列从文化角度选取文学史上最重要的大家大作,如《论语》《史记》《红楼梦》等,让学生在研读大气磅礴、蕴含无限张力的作品中,受到作品所透射出来的超凡脱俗的气质和魅力的熏陶、感染,体验作品的主旨思想和人文精神,从中受到一定的启发和教育,使自己拥有大志向、大境界、大胸怀。

不仅"大师"可以纳入课程,民间艺术也可以走进课堂。

崇明的"四句头山歌"是一种很优美的民间艺术体裁,但如今的崇明孩子,几乎没人会唱。崇明县有所学校把"四句头山歌"以课程的形式搬进了课堂,并以"今日崇明人新生活"为内容,对传统的歌词作了创编。学生在编唱山歌的过程中,不仅学到了音乐常识与基本技能,同时激发了乡土爱、故乡情。

将民间山歌整合成课程,纳入课堂指导学生学唱,能使学生更深入地理解民间山歌的内涵及创作意义,深刻地体验家乡浓郁的艺术气息和独特的乡土美,爱家乡的道德情感在无形中得到了浸润、激发和升华。

二十四字的社会主义核心价值观的内容也应该成为青少年课堂上学习的教材。

一个人外显的行为必定根植于他内在的价值观中。如果把价值观比作树根,把行为表现比作枝叶,那么只有根深蒂固才能枝繁叶茂。

习近平总书记指出:"人类社会发展的历史表明,对一个民族、一个国家来说,最持久、最深层的力量是全社会共同认可的核心价值观。"广大教师要把社会主义核心价值观的基本内容和要求渗透到学校教育教学中,用自己的学识、阅历、经验点燃学生对真、善、美的向往,使社会主义核心价值观的种子在祖国下一代心中生根发芽、真正培育起来。

"富强、民主、文明、和谐,从中国到世界;自由、平等、公正、法治,越长久越坚持;爱国、敬业、友善、诚信,生长在我们的心灵……"

为了让学生全面理解和深刻体验社会主义核心价值观的深刻内涵,四川省将二十四字核心价值观谱写成歌词简洁、旋律优美、风格鲜明、易学易唱的歌曲《世纪的约定》,四川省教育厅又将这首紧扣时代脉搏、紧贴少儿心理的道德教育之歌编入四川省使用的2015年(春季)音乐教材小学五年级(下)、初中二年级(八年级下)乡土单元,以及2015年(秋季)音乐教材小学三年级(上)和初中一年级(七年级上)乡土单元。

这样,将道德教育的内容编写成学生喜闻乐见的歌曲,统一纳入学校教材中,进入课堂中,并组织学生以学唱歌曲的形式来培植学生的价值观,能使学生更加深刻地理解和领会社会主义核心价值观博大精深的内涵,并使其真正入耳、入脑、入心,体验到社会主义核心价值观所蕴含的健康、向上、善良的正能量,从而使自己形成积极、健康、向上的价值观,并能够自觉地践行社会主义核心价值观。

12. 音乐背景式

对学生讲授以道德教育为主旨的文章时,播放与教育主题相符的乐曲作为背景音乐,营造一种直观、生动、形象、感人的教育氛围,引领学生沉浸在其中,产生一定的体验和感悟,能使学生更好地融入文本、理解文本,并受到文本内容的教化和浸润,得到文本主题精神的引领和教育,从而升华道德情感、提高道德认识,取得理想的教育效果。

西安大雁塔小学六年级的语文课《示儿》在授课中就切入了音乐背景。整堂课在进行的过程中播放音乐作为背景,并切换播放陆游卧病在床看着墙上挂着的铠甲和宝剑心中想着"王师北定中原日"那一天为内容的幻灯片,收到了非常好的教学效果。有的学生说:"音乐声似乎弥漫出一种氛围,使我不知不觉地就沉浸进去了。我好像感觉不是在上课,而是在感受陆游,感受当时国破山河在、自己无力报效、寄希望于儿孙的痛苦心情。"有的学生说:"我在音乐声中反复朗诵和听这首诗,就按捺不住自己激动的心情,感觉热血直往脸上涌。"有一位专家说:"我过去也读过陆游的这首诗,但当时只是觉得它意境深远、韵律感较强,却并没有和自己联系起来,也没有产生感动。可这一次,我似乎觉得这首诗就是在写我自己,似乎在病床上躺着的不是陆游而是我,我深深地被感动了,我流泪了。"

这应该就是背景音乐所产生的情境教育的效果吧。不管是听课的学生还是专家,置身于背景音乐所营造的形象、生动、感人的情境中,都不由自主地体验到陆游重病在床仍担心祖国安危的强烈的爱国情感,同时使自己也受到了较强的感染和启发,也产生了强烈的爱国情感。这样的教育方式,对培养学生的爱国情感自然是水到渠成的事情,甚至能起到立竿见影的效果。

同样,笔者在教学中也善于通过切入背景音乐营造直观、形象、生动的教育情境。例如,在教小学五年级品德与社会下册(山美版)《雄伟的布达拉宫》一课时,笔者先播放了韩红的歌曲《青藏高原》和郑钧的歌曲《回到拉萨》,优美的歌词、动听的乐曲一下子将学生带到了雄伟壮观的青藏高原、纯净的天空下依山而建的布达拉宫、唐古拉山漂亮的雪莲花这些优美的画面中。有的学生说,听着歌曲自己仿佛走进了雄伟的青藏高原;有的学生说,沉浸在优美的旋律中,自己好像走进了气势磅礴的布达拉宫。同时,笔者又播放了拉萨、青藏高原、布达拉宫的视频,给学生从视觉上带来美的享受。

歌曲的播放,营造出一种优美、形象、逼真的情境,为学生充分认识布达拉宫、了解西藏奠定了基础,使学生进一步体验到布达拉宫鲜明的藏族建筑特色和青藏高原的雄伟壮观,体验到祖国大好河山的美和古代建筑独特的魅力;同时,学生也真切地感悟到国家对西藏多年来的大力扶持,认识到民族团结的重要意义,更好地激发了学生强烈的爱国情感。

13. 讨论式

道德品质的形成与发展,离不开学生的独立思考和生活体验。科尔伯格说:"带有冲突性的交往和生活情境最适合于个性道德判断能力的发展。围绕道德两难问题的讨论是促成学生道德发展的一种有效手段。"也就是说,我们可以通过对"道德两难"问题的积极探索,引导学生走进真实的生活情境中,及时发现社会中的阴暗角落和道德问题,鼓励他们对其进行批判性思考,诱发学生个体的思想冲突,使他们获得切身的体验,做出理性的判断,从而增强他们的道德思维能力,促进他们的道德自主判断能力、道德推理能力的发展。

日常教学中,针对社会上关注的一些热点问题或不良现象,如"老人跌倒了扶还是不扶""在公交车上发现扒手行窃当场揭不揭穿""遇到乱贴小广告的行为应不应该制止"等,笔者及时将其引入课堂,直观地展现在学生面前;然后组织、引导学生进行深入的思考和激烈的讨论,使学生在思考中提高道德认识、在讨论中产生爱憎分明的情感、在道德冲突的思想碰撞中悟出真理、在相互交流中提高道德判断能力和道德推理能力。

总之，在解决"道德两难问题"的具体情境中，学生能够体验和认识到问题的矛盾性、复杂性和其根本错误，产生积极的道德情感和鲜明的道德态度，增强辨别是非、善恶、美丑的能力，形成正确的价值观、世界观和人生观，且真正内化于心并转化为自觉的道德行为。

同样，只有在激烈的争论和不同意见的交锋中，才有可能做到对道德价值的相关知识的理解和掌握。

上海市虹桥中学科技教师刘西佳在一节展示学生观察鸟类羽毛成果的自然笔记课上，就学生小雷从邻居家的白鹅身上拔下三根羽毛的事，鼓励学生一个一个地发表自己的看法。通过讨论，一些原本对拔毛不以为然的学生，也渐渐明白了这一行为的错误和严重性。因此，第二天一大早，刘西佳老师的办公桌上就出现了名为"白鹅的眼泪"的学生忏悔作品。

正是引导学生讨论，深深地触动了学生的心灵，使他们体验和感悟到了生命的意义，对大白鹅产生了愧疚之意和爱的情感，才认识到了"拔鹅毛"行为的严重性，并提高了爱护动物、关爱世界万物的道德意识。

二、对自然情境的体验

情境体验也包括让学生置身于一定的自然环境中，身心零距离地感受大自然优美的景色、勃勃的生机、和谐的生态环境，或直接感受人类对自然生态环境的污染与破坏行为及其产生的不良后果，从而产生的各种不同的情感体验。

对自然情境的体验能使学生增强爱美、爱大自然的情感，净化心灵，陶冶情操，增强理解美的能力和审美能力，激发护美意识和环保意识，同时也会使他们对破坏美的行为产生憎恨和厌恶感。总之，对自然情境的体验能使学生增强对美的情感，提高道德素养，形成美的道德境界。

1. 增强爱美，爱大自然的情感

引领学生置身于美的环境中，尽情地触摸美、感受美和体验美，能在耳濡目染中增强他们对美的爱和追求，增强他们对大自然的情感和爱。

寻春、赏春能更好地体验到春的魅力。为了让学生近距离接触春天、亲近自然、发现美、丰富学生的生活体验，上海市师资培训中心实验基地附属中学组织全体七年级学生到莘庄公园进行了赏梅寻春活动。

在这里，学生欣赏了以梅饰山、倚山植梅、梅以山而秀的梅园特色。学生仔细观察，认识了花如碧玉萼如翡翠的绿萼梅、枝杆盘曲矫若游龙的龙游梅；欣赏到玉蝶梅的素白洁净、宫粉梅的红颜淡妆、朱砂梅的胭脂滴滴、绿梅的清新淡雅等等，还有造型幽雅、虬枝倒悬、枯树老干、疏影横斜的梅桩艺术盆景。学生或寻春，或赏梅，或写生，用自己的方式感受着春天，表达着自己对春天的喜爱与渴望了解的心情。

在此次赏梅活动中，每个学生都收获了属于自己的春天、属于自己的最美梅花，给他们留下了美好的回忆与独特的生活体验，进一步增强了他们热爱美、热爱大自然的情感。

前苏联帕夫雷什中学通过引导学生走进大自然中感受美、体验美、认识美,增强对美的爱,对大自然的爱。

教师带领孩子们去田野、草地、池塘、河边,去荫郁的树林或山谷,去果木园,观察大自然色彩的变幻,欣赏大自然的音乐。在风和日丽的初秋季节,引导孩子们注意那清新的空气、爽朗的天空和清澈的河水;引领他们观赏几种越冬农作物幼苗深浅不同的绿色,观赏果园和葡萄园里成熟的果实和阳光照射下的各种果实的斑斓色彩。在秋季的森林里,引领孩子们倾听禽鸟的啼鸣、落叶的沙沙之声,窥伺池塘里鱼儿在平展如镜的水面上泛起的层层涟漪,让学生身心感受到美、体验到美,增强对大自然的情感,增强对美的认识和爱,从而使心灵有赞美之情和善良之意。

2. 净化心灵,陶冶情操

置身于美丽的自然之境中,身心体验到美,容易引发学生对美的向往和追求,唤醒其心中美好的人生感悟,陶冶其情操,使他们形成美的道德境界。

在农村,环境优美,空气新鲜,有的依山傍水、垂柳缭绕、鱼虾成群,有的地势平坦、阡陌纵横、草木繁茂,具有城市无法比拟的自然风光,是对学生进行热爱大自然、热爱美的教育的良好素材。空闲时,我们可以带领孩子们到浅水里捕虾捉鱼、玩水嬉戏,使他们充分地享受童年美好的生活,体验童年无穷的乐趣;可以陪伴孩子在月圆的晚上坐在山脚下、小河边或开阔的原野中看月亮冉冉升起,看繁星闪烁,听风声作响,听蟋蟀动听的歌唱……尽情地享受大自然的美,聆听大自然的天籁之声。总之,大自然有着无穷的奥秘和神奇,蕴含着诸多美的因素;大自然的博大与雄浑可以使人心胸开阔,性格开朗,心情愉快;大自然的恬静优雅可以陶冶孩子的情操。正如雷切尔·卡逊所说,"那些感受大地之美的人,能从中获得生命的力量,直至一生"。

"暮春者,春服既成,冠者五六人,童子六七人,浴乎沂,风乎舞雩,咏而归。"

古时的圣人也向往置身于大自然中,沐浴着春风,接受春天气息的洗礼,尽情地享受着美、感受着美、体验着美,愿意在大自然的洗礼和陶冶下,净化心灵,陶冶情操,感悟和享受美好的人生。

3. 提高理解美的能力和审美能力

置身于美的环境中感知和体验美,能使学生更容易理解美,更懂得欣赏美,增强审美意识。

美不仅有外在的形式,还有丰富的内涵。美的内涵从广义上讲,是指一种能引起情感愉悦的价值。凡是能引起主体愉悦性情感体验的价值关系,无论有形、无形,都可谓之美。美的内涵比较深刻,因此,对美的理解需要一定的认知基础。而引领学生置身于美的环境、美的氛围中,让学生身心零距离地去触摸美、感受美、体验美,从心理上对美产生愉悦的情感,获得一定的认识,能使学生更好地理解美,更懂得欣赏美。

前苏联帕夫雷什中学引领学生欣赏美术作品有时安排在学生直接接触自然之后进行。例如,在欣赏列维坦的画作《桦树林》时,教师先带领孩子们去郊外的桦树林中的一片沐浴阳光的空地上休息,让孩子们尽情地感受和体验这里景色的美,而且所有的事物都进入了学生的精神世界。回来后,再让学生欣赏作品。尽管观看时没有任何讲解,但对孩子们产生了深刻的印象;他们好像在画家的天才作品中发现了自己,完全融入了作品的意境之中,尽情地感受着美、欣赏着美。《桦树林》的复制画又唤起了他们刚刚直接接触大自然时体验过的思想情感,于是强烈地产生了再去接触大自然、感受和体验美的愿望。同样,在宁静的夜晚,学生在野外静心欣赏了大自然美妙的万籁乐声后,教师接着就给他们听相应的民歌或作曲家作品的唱片。孩子们有了切身聆听大自然之声的体验之后,便产生了反复欣赏描绘夏夜之美的乐曲的愿望。在反复欣赏音乐作品的过程中,情感记忆得到发展,对旋律美的敏感性和感受性得到增强,孩子们开始从曲调中领会音乐所表达的情感、感受、心境和体验了。

4. 激发爱美、护美意识和环保意识

置身于美的环境中感受和体验美,更能激起学生爱美、护美的意识和环保意识。

学生只有从内心感受和体验到美,才能真正地认识美、理解美、欣赏美,才能从内心深处去热爱美,并以自己的实际行动去善待美、呵护美。

例如,在讲授人教版思想品德七年级上册《生命最宝贵》一课第一节《世界因生命而精彩》时,笔者组织学生来到距离学校3公里远的柳沟天然湖。湖边,碧绿的小草生机勃勃,夹杂在草丛里的野花正争奇斗艳地开放着,一排排垂柳摇曳着满头"秀发";湛蓝的湖水随风飘起一串串涟漪,水中一群群红色的、黄色的、花色的观赏鲤时而潜入水底时而游上水面,显得那么悠闲自在;湖那边,一大片荷花正茂盛地开着,碧绿的荷叶中间,一朵朵白色的、粉红色的荷花亭亭玉立,几只色彩斑斓的蝴蝶神奇地在荷花之间穿来穿去……

学生完全被眼前的景色陶醉了,目不转睛地欣赏着。这时,他们从内心真正感受到了大自然的美了,切身体验到花草树木和鱼儿、蝴蝶给大自然带来的勃勃生机和多姿多彩的美,体验到每一种动物鲜活的生命力、每一个生命体独具特色的魅力,因此也懂得了世界因为有了生命才生动和精彩的道理。大家深有感触地纷纷表示,一定从自身做起,从现在做起,从身边的小事做起,尽心保护好每一种动、植物,努力善待大自然中的每一个生命。

这正如戴尔指出的,"户外教学能为学童提供具体、直接的经验,让他们由做中学(亲自参与)和由观察中学(观察)。自然主义的教育家更指出:大自然是最好的教室,让学生'体验'学习的过程"。

2003年10月当选中国"环境大使"的姚远,小学五年级时偶然参加了一次观鸟活动。谈起观鸟,她眉飞色舞地说:"观鸟时,沉浸在大自然的怀抱中,那种感觉是在城市和学校中绝对感受不到的。"也就是从那次之后,她的环保意识被激发了,开始关注环保,这一关注就再也无法割舍。

上初中后,姚远成了名副其实的环保志愿者,曾三次随民间环保组织"自然之友"到湖北、内蒙古和甘肃等省的偏远地区为希望小学的孩子们普及环保知识。

在姚远的家中,也处处都有环保的"踪迹":垃圾的类别分得清清楚楚;可回收的废纸和旧瓶子摆放得整整齐齐;洗手间里放着许多装满水的盆和桶,洗衣后的水先放在盆和桶里,用来冲马桶;马桶水箱里放着一个饮料瓶子,这样每次冲马桶,都可以节约一瓶子水。

而这些环保措施,大多是姚远从书刊、报纸上学来,并在父母的支持下实践的。(《绿叶》载)

5. 激起憎恨情感

感受和体验到美,人们对破坏美的不良行为会产生强烈的憎恨情感。

人如果感受和体验到某种事物的美后,自然会产生热爱和保护该事物的强烈意识,甚至会将保护该事物视为一种义不容辞的责任和义务;对于影响、破坏该事物的不良行为自然会产生厌恶感,甚至会义愤填膺,毫不犹豫地前去阻止、说服、制止,以避免让美受到任何的摧残、伤害和破坏。

例如,某一城市的一所学校组织五年级学生到终南山游玩,学生一路上被优美的景色陶醉了,好像置身于仙境一般,心中油然生出一种从未有过的回归大自然的感觉。在感受着美丽的大自然的同时,他们想起了前几天发现的一位清洁工焚烧一大堆树叶造成浓烟滚滚、环境污染的事情,心中顿生不满,并产生想狠狠训斥清洁工一顿的念头:看您长这么大的个子,却一点儿不懂道德!现在的环境污染已经够厉害了,再有你们这种人的话,还让人怎么活呀?

正是学生内心真正地体验到大自然的美了,享受到了美带来的愉悦,并增强了对大自然爱的情感,因此才会产生要训斥那个焚烧树叶的清洁工爷爷的念头。

第六节　情感交流式体验道德教育

通过长辈与晚辈之间或同龄人之间不同方式的情感交流,可以使被教育者深刻地体验到教育者对自己无微不至的关心、呵护和深深的爱,从而唤起他们良好的道德意识,增强他们的道德情感,并使他们受到深刻的道德教育,形成良好的道德行为。

一、长辈与晚辈之间的情感交流

长辈与晚辈之间情感交流的方式主要有语言交流、亲子互动交流、写家史交流、书信交流等。各种不同方式的情感交流,能让学生(孩子)深刻地体验到教育者深深的爱和浓浓的情。

1. 语言交流

(1)语言交流要有感而发。

语言交流有感而发,能使学生体验到父母深深的爱。

"可怜天下父母心",世界上哪有不爱自己孩子的父母?但是,有时候,父母给予孩子再多的爱,孩子往往理解不了、感受不到。父母与孩子只有敞开心扉,通过各种形式的真诚交流,才能使孩子真切地感受到父母深厚的爱,感受到父母无微不至的关怀,懂得爱父母、尊敬父母、孝敬父母、感恩父母。

例如，对学生进行孝敬父母的教育时，笔者先让学生回忆父母关心自己的二三事，并在小组内交流。在交流中，学生都深有感触。有的说，在家里，父母把最好吃的东西让给自己吃；有的说，晚上睡觉的时候，父母经常给自己盖被子；有的说，下雨天，父母冒雨到学校给自己送雨衣……学生个个说得声情并茂，显然已经从内心体验到父母对自己的关心和爱护。笔者又问："同学们，父母这样关心我们，那么我们应不应该孝敬父母？""应该！"学生异口同声。就这样，学生孝敬父母的意识被激发起来了。这时，笔者适当点拨："我们应该怎样孝敬父母呢？"一石激起千层浪。学生有的说平时要多帮父母干一些家务活，有的说要把好东西让给父母吃，有的说要多帮父母排忧解难，有的说要刻苦学习别让父母多操心……孝敬父母，关键要付诸实际行动。于是，笔者又及时拓展、延伸："同学们，说到就要做到，让我们以实际行动来孝敬我们的父母吧。"笔者要求他们将孝敬父母的活动过程在班上进行及时的分享、交流。

《德育报》上曾刊登了这样一则信息：

陕西省渭南市临渭区思远学校特意邀请《牵挂》的演唱者、渭南本土的网络歌手陈汉走进学校，为600多名孩子讲述父母在外打工的不易以及对儿女的牵挂。随后，陈汉又演唱了自己作词、记录着他对留守故乡子女牵挂之情的歌曲《牵挂》。歌曲深深地打动了孩子们，孩子们听得泪水涟涟。据了解，临渭区思远学校是一所以留守儿童为主的民办寄宿制小学，全校663名学生中留守儿童就有403名，他们中有的半年到一年才能与自己的父母见一次面，有的甚至几年见不上一次面。

"父母不在身边，我们怎么能让孩子们知道其实父母的爱一直都在他们身边？"该校校长王峰讲，他在网络上听到歌手陈汉唱的《牵挂》，并得知陈汉是一名常年在外谋生的渭南籍打工者，子女也是留守儿童，便产生了让陈汉来学校和孩子们交流的想法。"作为一名留守儿童的父亲，陈汉最懂得留守儿童对父母的情感；而作为一名歌手，陈汉的语言更细腻，更能拨动孩子们的心弦，由他表达出来父母对孩子的爱，更能和孩子们产生共鸣。"

（2）语言交流要朴实、诚恳。

语言交流朴实、诚恳，能给予孩子莫大的鼓励，增强他们克服困难的信心和勇气。

家是避风的港湾，父母是孩子坚强的后盾。当孩子在学习、生活、工作中遇到挫折时，父母几句掏心窝子的话往往能给孩子莫大的力量，帮助他们鼓足勇气扬起自信的风帆。因此，教师在日常工作中，要通过各种不同的形式积极引导家长多与孩子进行互动、沟通和交流，努力协助老师做好学生的思想道德教育工作。

2008年北京奥运会射箭金牌得主、青岛籍姑娘张娟娟在平时训练的过程中，累极了，也曾想打退堂鼓。其父母知道后语重心长地对她说："咱们是农村孩子（莱西市河头店镇抬头村人），这点苦吃不住还能干啥？就像推小车拱坡，只能进不能退。"正是与女儿这简短朴实的交流，使张娟娟深刻地体会到父母深深的爱和殷切的期望，懂得了坚持与付出。她坚定了斗志，增强了信心和力量，终于在奥运会比赛中夺得冠军，实现了中国射箭金牌零的突破，为家乡、为祖国增添了光彩。

（3）语言交流要做到真心实意、推心置腹。

语言交流做到真心实意、推心置腹，能让学生体验到浓浓的师爱。

陶行知说过，"真教育是心心相印的活动，唯独从心里发出来的，才能走到心灵的深处"。

男孩子，尤其是到了青少年时期，大多数不会表达自己的情感，对别人的情感反应更不敏感，且容易情绪失控，往往用攻击或暴力的方式解决问题。因此，采取合理的情感交流的方式，使他们真正体验到师爱、父爱、母爱的温暖和力量，以教育和改变他们。

河南省岳阳市某中学的一名男学生，与父母缺乏正常的沟通，积怨成恨，开始把目光投向校园和社会。因打架闹事出了名，几个学校都不敢要他，在母亲的几次哀求下，华容县万庚中学收下了这个学生。

因单位离校远，母亲没办法陪读；若将孩子放在外面的出租屋租住，在外无人管束；在寝室，又怕旧病复发，影响其他学生。德育处主任便与孩子的母亲商议，做出一个非常举动。他安排孩子住进了校园里的一个老师家。为了方便照管学校住校的孩子，德育主任自己也住到了学生公寓。

孩子开始表现较好，但好斗的脾性依然未改。学校一次重大事件的排查中，在男生寝室里搜出一把刀，通过调查，确认就是该男生藏匿的，但找到他后，他却死不承认。

于是，德育主任很动情地说："你从别的学校转过来，我们都在暗暗地帮你、扶你，想你学好，结果你还是不学好。你说，你要我们怎么办？"

原本准备好了挨一顿打和骂的他，听到德育主任的话，第一次低下了头。

而母亲紧接着说出了一句话，令他如醍醐灌顶。"造孽呀，你没房子住时，是他腾房子给你住。你住的就是老师的房子哪，你怎么能伤老师的心呢！"

接下来，德育主任让孩子回家静下心来想想，什么时候想通了，随时跟他打电话说明白，又在离校前请来派出所所长，就自制凶器的事情专门找这个学生谈话，向他宣讲法律知识。

半个月后，德育主任住院期间在伤口未愈、很痛苦的情况下，答应这个孩子见面的请求，并与孩子进行了面对面的谈话交流。

学生返校后，德育主任当着全班学生的面对这个孩子进行了表扬。

后来，该学生的学习、思想都有了很大的转变，特别是与父母、老师及同学的关系有了很大的改善，终于走上了正道。

正是德育主任真心实意地与之交谈，才使孩子感受到老师的诚意；正是母亲如雷贯耳般的提醒，才使孩子从内心真正体验到伟大的师爱；正是半个月后与孩子的坦诚交流，才使孩子进一步认识到错误；正是返校后的适时表扬，才使孩子树立了信心，最后终于走上了正道。

总之，正是通过语言的交流、情感的沟通，才使孩子切身体验到师爱的温暖，感受到师爱的力量，并深刻地认识到自身的错误，从而真正改变了自己。

同样，女孩子也需要老师推心置腹的情感交流。

女孩子感情细腻、心理脆弱，心灵往往经受不住打击和创伤，很容易因一时的想不开而做出一些愚蠢的事儿，因此更需要教师通过真诚、亲切的情感交流，抚慰她们那颗稚嫩的受伤的心，引导和帮助她们走出泥潭，重拾自信，勇敢面对挫折，坦然面对生活、面对未来。

下面是田莉老师采取情感交流的方式转变学生的一个案例。

不管怎么努力,湃最终还是没有挽留住母亲。初一下学期,她的母亲还是走了。这对湃的打击很大,从没请过假的她一周没来上学。为了尽快让湃从痛苦中走出来,田莉老师晚上约她聊了很久。因田老师的母亲很小的时候也失去了妈妈,于是田老师把她从母亲那里听到的感受和心情拿出来跟湃交流分享,希望湃能够找到心灵的知音。田老师还亲切地鼓励她说:"孩子,人生的道路不是一帆风顺的,每个人或许都会遇到这样那样的意外或变故,我们能做的只有接受现实、直面挫折,然后继续乐观地生活下去,这样才能告慰疼爱我们的亲人!如果你愿意,老师也会像妈妈一样爱你!"听了田老师这暖意融融的话,湃再也抑制不住内心的情感,抱着田老师哭了起来。

"老师也会像妈妈一样爱你!"多么亲切、多么感人的肺腑之言啊!这对于一个刚刚失去母亲的十三四岁的小女孩来说,是一种多么贴心的安慰、一种多么诚挚的关怀啊!

正是田老师推心置腹地与湃交流,让湃心灵的伤痕得到了抚慰,让湃体验到田老师母亲般的爱,体验到暖暖的师爱,才会敞开心扉,从心灵上拉近了与田老师的距离,并且将田老师视为亲人,感动得与老师哭在了一起;才理解了田老师的心意,懂得了应该直面挫折乐观、坚强地生活。田老师与湃的这次推心置腹的交流,为湃后来走出心理阴影、找到自信奠定了基础。

2. 亲子互动交流

亲子互动,能够促进了解,增强子女与父母的情感,使孩子体验到浓浓的亲情。组织父母与子女进行互动、沟通与交流,不仅能够加深彼此间的了解、互信,而且能融洽父母与子女之间的关系,使子女深刻地体验到父母的殷殷亲情,加深对父母的爱。

在国际家庭日期间,山东省枣庄市峄城区教育局组织中小学生走进父母的工作岗位或田间地头,和他们一起劳动,体验劳动的滋味,与爸爸妈妈一起分享、交流劳动成果。经过一上午的亲自体验,学生从内心里真正认识到爸爸妈妈平时工作的辛苦,也收获了家庭互动的温馨和幸福,加强了父母与子女之间的沟通和交流,增强了父母与子女之间的情感。

针对当前初中生与父母沟通、交流的时间越来越少的现状,浙江省湖州市吴兴区八里店二中自 2015 年伊始,在全体学生中开展了"乐做'亲情作业',争当'孝心少年'"活动。该校"亲情作业"的形式和内容具有多样性,学生可以根据家庭实际和自己的能力而定:帮父母做力所能及的家务,和父母一起散步、跳绳,帮父母洗脚、捶背,为父母讲故事或读报纸,和父母聊聊一天的学习情况和校园趣事,听父母唠叨一下生活中的酸、甜、苦、辣,自己动手给父母制作生日或新年小礼物……学校对学生完成"亲情作业"的时间、次数不作统一要求,但特别鼓励学生在双休日等假期多与家人在一起了,无论以何种方式完成"亲情作业",重点是与家人多谈心、多交流,一起感悟、体验和享受亲情。(《德育报》载)

"亲情作业"活动的开展,不仅能引导学生主动加强与父母的沟通,体验到浓浓的亲情,而且能密切亲子关系、提升家庭幸福感。

3. 写家史交流

写家史也能促进青少年学生与长辈之间的情感交流,使青少年学生体验到家族的亲情。

最近笔者在《德育报》上看到一则报道：今年年初，辽宁省沈阳市第十一中学开设了"中学生写家史"课，同时向学生发出"寻找我们身边最熟悉的陌生人"的倡议，让学生通过采访身边的长辈写出自己的家族史。于是，这些稚气未脱的中学生一本正经地和长辈坐在一起，促膝长谈，聆听他们的故事。

在学生撰写的家史中，有的写太姥爷一家艰难困苦的生活，有的写自己的姥爷是一位参加过抗日战争、解放战争、抗美援朝珍藏着五枚军功章的老英雄，有的写爷爷从家里偷鸡蛋照顾生病的工友的事。

通过写家史，学生穿越时空，走进了太姥爷、爷爷、姥爷等长辈们的世界，对老一辈的历史有了清楚的认识，对自己的家族传承更加了解。更重要的是通过写家史，让学生亲身体验到浓浓的家族亲情，懂得了如何与长辈们沟通，促进了他们与长辈之间的感情交流，从而更加尊重、敬重自己的长辈了。正如沈阳市第十一中学历史教研组长江春雨所说，"'写家史'这一活动，不仅有助于孩子们认识历史，更是让孩子们重新认识自己身边最熟悉的'陌生人'，为家庭的亲情联络和代际沟通打开了一扇门"。

4. 书信交流

书信，能够促进情感的交流，使学生体验到人间各种不同的爱。

书信是一种信息传递与情感交流的工具。古人曾说，"烽火连三月，家书抵万金"。通过书信交流，能让学生体验到如山的父爱、绵绵柔情的母爱、浓如亲情般的师爱，使他们在爱的滋润和哺育下吮吸着教育智慧的甘露，不断提高自身的道德素质，形成良好的道德行为，健康茁壮地成长。

"涤尘吾儿，见字如面，尔母归真，儿尚幼弱，吾亦父亦母，既想树儿成人成才，又不忍苦之……愿吾儿以无上之大定力，扬长克短，奋发图强，勇跃龙门——如是，父欣欣然。"这是一位父亲写给即将中考的儿子为他加油打气的一封家书。短短数语，淋漓尽致地表达出了父亲对儿子的深情厚爱和殷切期望。

正是父亲通过书信与儿子推心置腹的情感交流，才使儿子内心深切地感受到父亲含辛茹苦拉扯自己成长的不容易，切身体验到浓浓的父爱，以至于感动得泪流满面，并下定决心好好学习，争取优异的成绩。

书信，也是师生心灵交流的重要途径。书信交流既能使学生避免与老师面谈的局促不安，又能体验到老师的真诚和爱，因而能和老师进行有效的心灵交流。同样，书信交流能使教师更全面、更具体、更真实地感受到学生的内心世界及其变化，促进师生间的情感交流，从而更主动、更准确、更有效地对学生进行思想教育和道德教育。

李镇西老师与学生正是通过书信交流的方式，促进了师生之间情感的升温和学生对老师信任度的提高。他在第一本专著——《青春期悄悄话——致中学生的 101 封信》里，他饱含深情地与学生进行了平等、真诚的思想和情感的交流，使学生从字里行间深刻地体验到浓浓的师爱，增强了对老师的信任。这样，不仅拉近了与学生之间的距离，增强了师生间的情感，而且打开了学生蓄存已久的心结，开阔了学生的心胸，使学生受到了潜移默化的教育，促进了他们身心健康、快乐成长。甚至多年后，那种心与心之间平等交流的体验仍让学生记忆犹新。

尤其值得提及的是,李镇西老师还通过书信交流,让远在山东的一群中学生也体验到他对学生的真诚和关爱。山东平度一中的杨守丰(已故)、平度六中的冯珉娟、曲阜师范大学的闻春晓等在与李镇西老师的书信交流中,切身体验到李老师无私的大爱,体验到李老师的真诚,体验到李老师对教育事业的执着、对学生深深的爱。她们敞开心扉,语无遮掩地与李老师进行坦诚的交流。在心灵与心灵几乎是零距离的接触中,在灵魂与灵魂几乎是无缝隙的交融中,让他们很受启发、深受教育,使他们解开了青春期时心中的重重疑惑,抛弃了自卑与软弱,接纳了勇敢与坚强,树立了善良、真诚、包容的处世观和勇于探索、不懈追求的人生观。

二、同龄人之间的情感交流

情感交流式体验不仅是指学生(孩子)与老师(家长)之间的交流产生的体验,同学或同龄人之间在真挚的情感交流中也能获得各种不同的体验,从而提高学生的道德认知水平,增强学生的道德情感,并使他们受到深刻的道德教育。

1. 学生之间的情感交流

学生之间的情感交流,可以使学生体验到同学真诚的鼓励和鞭策,从而扬起自信的风帆,勇敢地面对挫折,坚强地走出困境,重新树立学习和生活的信心。

和初中相比,高中的学习生活具有快节奏、高效率的特点,学生竞争激烈,学习压力大,很多刚入校门的高一学生一时半会儿难以适应。笔者的儿子今年刚进入高中,这个问题自然也成了他们宿舍饭后睡前经常谈论和交流的话题。每次谈论时,学生都会毫无遮掩地说出自己心中的体会、感慨和疑问。金帅(化名)同学是从偏远农村上来的,他对高中生活更是难以适应。"老师上课讲得太快,这个例题我还没弄明白,老师又讲下一个了,我根本接受不了、适应不了。"再加上由初中班里的尖子生到现在高中班里的一般学生造成的心理落差,于是,他产生了退学的念头。"我们都是初中时的佼佼者,怎么能有这想法呢,这点儿困难算什么?""金帅,大家一开始都不是很适应,只要我们坚持住,过段时间会好的。"同学们一个个耐心地安慰他、鼓励他。作为宿舍的舍长,笔者的儿子似乎显得更懂事一些。他热心地跟金帅交流,耐心地安慰他、开导他、鼓励他。"金帅,打掉退学的念头吧。高中生活再苦再累,我们也要勇敢地面对;再大的困难,我们也要一起扛住。咱们高中三年的付出、努力,甚至能换来我们一生的快乐和幸福,能改变我们一生的命运。坚持住吧,坚持就是胜利!"几天来,同学们你一言我一语,与金帅推心置腹地交流着自己的感受和对高中生活的认识。

就这样,在同学们坦诚真挚的情感交流中,金帅体验到同学们的关心、鼓励和鞭策,体验到同学们每一句话蕴含的力量,渐渐地认识到"不适应高中生活"这一困难的暂时性和普遍性,认识到高中生活对人生非同寻常的意义,增强了克服困难、战胜困难的劲头儿,毅然放弃了退学的想法,重新树立了自信,坚定了学习的信心,和同学们一起投入到正常的学习状态中。

2.学生与盲童之间的情感交流

学生与盲童之间的情感交流,可以使学生体验到盲童生活的困难,体验到盲童坚强、乐观的生活态度,树立关爱残疾儿童、关爱弱势群体的思想意识,形成帮残、助残的良好道德行为。

首先,我们来看下面的这个事例。

我们走进了盲童的教室,和他们一起交流学习体会,知道了盲童是怎样"写"字、怎样"看"书的,大家还互相交换了学习礼物。联欢的时候,盲童和我们一起走上舞台,同唱《同一首歌》《让我们荡起双桨》等歌曲。盲童和我们没有界限地相处,知心朋友一样地交谈,还有那一双双紧拉的小手,大家的眼睛湿润了。

告别的时候,我们和盲童互相勉励、互留了地址。通过和盲童们的联谊活动,我们的认识又提高了一大步,从陌生到尊重,并和他们成了好朋友,一直保持互相联系。杨蔚同学多次走进盲童许爱明的家,和他一同学习、一起游戏。在这个活动中,队员们对残疾人的世界有了全新的感受,思想自然而然地升华了。大家提出,不但我们要关心盲童,全社会都要行动起来,为盲童撑起一片光明的天空。5月13日,我们走上胜利路,做帮残、助残的宣传活动,清扫了胜利路两旁的盲道,并且打出标语呼吁:帮残、助残是我们社会的义务,盲道不容小商、小贩占用。

这是某学校组织学生走进盲校与盲童进行交流的案例。"队员们对残疾人的世界有了全新的感受,思想感情自然而然地升华了,走上胜利街头开展帮残、助残系列活动。"这是孩子们在与盲童真诚的情感交流中获得深刻的体验后,道德情感增强、道德认识提高的结果,也是良好的道德行为形成的体现。首先,孩子们在与盲童交流学习体会时,深刻地体验到盲童学习的困难,受到"不论在什么样的境遇下,都应该热爱生活、不畏挫折、努力进取"的教育,提高了认识,学会了坚强。其次,通过与盲童的联谊活动,孩子们又深刻地体验到盲童们在逆境中坚强、阳光、积极、乐观的心态,进而对盲童有了一个全新的认识,对盲童产生了敬佩的情感,同时树立了尊重生命、热爱生活、积极乐观的生活态度。

总之,在与盲童情感交流的整个过程中,孩子们亲身体验到盲童学习、生活的艰辛和行动的不便,心灵受到深深的触动,感受到健全生命的可贵,增强了对生命的敬畏和对生活的爱,懂得了坚强与乐观。同时,对盲童不由自主地产生了怜悯、同情的道德情感,树立了关爱残疾儿童、关爱弱势群体的道德意识,并付诸实际行动中,走上街头清扫盲道,开展帮残、助残等宣传活动。

第七节　叙事式体验道德教育

在道德教育的过程中,如果学生尤其是具有独立性格的学生觉察到对方要对自己进行思想品德教育,就有可能产生抵触情绪。因为他们不愿任由别人教育,不喜欢接受别人想要教育他们的意图。这为学校的道德教育工作带来了挑战,增加了一定的难度。

这意味着在道德教育的过程中,教育者要弱化教育势态,淡化教育者和受教育者的角色痕迹,隐蔽教育动机,努力使道德教育达到无目的、无意识的状态,旨在通过暗示性渗透的作用,促进学生道德素质的发展和提升。

叙事式体验是一种悄无声息的无痕教育,平淡自然,春风化雨,润物无声,不带有明显的功利性和目的性,不会引起学生的反感和抵触情绪,学生也会比较容易接受。

叙事式体验,主要是指通过道德叙事的形式让学生获得一定的道德体验。在此基础上可以引导和帮助学生更好地接受道德教育,以促使他们提高道德意识、增强道德情感并形成积极良好的道德行为。

那么,何谓道德叙事呢?

所谓道德叙事,是指教育者以口头或文字的方式,叙述蕴含着道德价值的故事(如寓言、童话、神话、历史故事、生活事件等),从而促进受教育者道德成长的过程。作为以讲故事为主要表征的教育方法,道德叙事是一种融汇理性、情感、体验于一体的生活化方法。故事的丰富、理论的隐喻及其与现实生活的紧密相连,使其在道德教育中具有情感激发、行为体验、思维启迪等独特的价值。

道德叙事从形式上大致可分为全程式道德叙事、引导式道德叙事和辅助式道德叙事。

一、全程式道德叙事

全程式道德叙事是指以叙事的形式实施教育,倡导教育过程叙事化,即教育者通过自然而然地叙述故事或事情的详细经过,使受教育者从中获得深刻的感悟和体验,产生强烈的道德情感,提高道德认识,从而达到道德教育的目的。叙事就是教育本身,学生在对叙事过程的切身体验中受到深刻的道德教育。

下面是笔者针对孩子吃饭挑食的问题而进行的道德叙事教育,取得了较明显的效果。

笔者的儿子今年8岁,最近一段时间吃饭老是挑食,整天嫌这也不好吃那也不好吃,并且隔三岔五地嚷着买零食吃。几乎每顿饭,都是笔者和妻子逼着他吃完,常常弄得他屈鼻子扭脸,惹得我们也生气。

这天吃饭时,他又挑食了,笔者决定采取叙事的形式好好地教育教育他。

于是,笔者给他讲起了自己儿时的生活。

"翔,那时候,我们家里很穷。每顿饭哪有馒头吃,全是吃地瓜、地瓜干和玉米饼子,更没有你现在这么多零食。有时饿了,我便从黑色的泥饭罩里拿一大摞地瓜干,一边吃着,一边和小伙伴一起玩去了。有一次,我生病了,不爱吃饭,你奶奶从邻居家借了一小瓢白面,用水和了和,揉成圆柱形状,然后放到锅灶里烧,这就是焗焗。等烧熟后,吃着带着嘎渣的焗焗,我感到又香又甜,好吃极了。那时候想,为了能吃到焗焗,宁愿多感冒几次。因为,那时小孩只有生病的时候才能吃到这么好吃的东西。"

回忆儿时的生活,笔者的眼泪流了出来,儿子则歪着小脑袋一句话也不说,只是静静地听。

"我印象很深地记得,上小学一年级的时候,那天期末考试,也是我上学后的第一次大的考试。早晨,你奶奶早早起床了,煮了一锅地瓜。吃饭的时候,她满锅挑了四五个稀软的地瓜放在我的眼前,说'使劲吃饱了,好好答卷子'。因为平时吃饭,我和你大姑总是抢着挑又甜又软的地瓜吃,这就是你奶奶为鼓励我好好考试给我做的好饭。吃着又甜又软的地瓜,我高兴极了!"

"翔,你说说爸爸小时候吃得好,还是你现在吃得好?"笔者问儿子。

他低着头,撅着小嘴一声也不吭。看来,他已经体会到了笔者儿时生活的贫苦,也好像认识到自己整天挑食不对了。就这样,一直好几天,儿子再也没有在我们面前挑食。

是啊,在物质生活日益丰裕的今天,孩子们根本体验不到我们这一代人当时生活的艰辛,也体会不到他们今天生活的幸福。作为父母,我们不妨多采取些叙事的形式,向他们讲一讲我们童年的生活、儿时的事情,让他们从中感受、体验一下那些在现在生活中无法感受到的艰难和困苦,使他们在无形中受到深刻的思想道德教育,从而能更加珍惜今天的幸福生活,更加刻苦努力地学习,更懂得勤俭节约。这样做,对孩子的一生有着十分重要的意义!

二、引导式道德叙事

引导式道德叙事是指教育者把叙事作为教育活动的诱因,进而借助于叙事所提供的背景和素材,深入开展多样化的拓展性活动的教育方式。受教育者在聆听叙事过程中所产生的感受、体验和感动,为后面的教育活动的开展奠定了基础,为理解和接受道德教育的内容起到了铺垫、衔接的作用,从而能使道德教育取得更好的效果。

在对学生进行道德教育时,我们很多地方都采取了引导式道德叙事的教育方式。

1. 培养学生谦让、包容的道德品质

现在的独生子女从小生活在父母的百般呵护中,往往以自我为中心,再加上平时缺少与同伴的交往、沟通,导致本位意识突出,容易形成自私自利、心胸狭隘等不良的心理品质,从而导致心里难以容下别人,这也是我们当前必须面对且应该积极着手解决的问题。

针对学生嫉妒心强,容不下竞争对手的不良现象,刘卫峰老师在晨会上给学生讲了一则小故事:在申办第29届奥运会时败给了北京的巴黎,2001年8月22日参加在北京举行的第21届大学生运动会开幕式上,在主持台前高高举起用中文写着的"法国代表团祝贺北京申办2008年奥运会成功"的横幅,为竞争对手——北京喝彩,赢得了全场观众最热烈的掌声。

故事讲完后,学生都陷入了沉思。这时刘老师趁热打铁:"人生难免失败,谁也不可能成为永远的胜利者。别人胜利时,我们是不是也该像法国代表团那样真诚地去为别人喝彩呢?"学生都若有所思地点了点头。

故事中,法国代表团包容、大度的举动,为学生上了生动的一课,使学生内心体验到法国代表团的正义、大度、包容、与人为善的高贵品行,同时也认识到了自身存在的心胸狭

窄、嫉妒心强等不良问题。就这样,学生在与法国代表团鲜明的对比中受到了深刻的教育,提高了道德认识,因此才若有所思地点头认同。

2. 培养学生孝敬父母的道德品质

在对学生进行孝敬长辈的教育时,笔者先给学生讲了"孔融让梨"的故事,接着引导学生谈出自己的感受。在学生体验到孔融尊敬长辈、以小让大的优秀品行后,同时也对自己的父母产生了深厚的情感的基础上,笔者又对学生进行了"孝敬长辈"的教育,收到了较好的效果。有的学生说,父母工作劳累,要多替父母做一些力所能及的家务活;有的学生说,父母操持家务不容易,平日要多为父母捶捶背、揉揉肩、洗洗脚;有的学生说,要好好学习,以优异的成绩回报父母、感恩父母……就这样,学生很自觉地产生了孝敬父母的意愿,并明确地表示,在以后的生活中应该怎样身体力行地孝敬自己的父母和长辈。

3. 培养学生不畏挫折、勇于拼搏的斗志

期末复习阶段,由于复习量大,许多学生整天愁眉苦脸。针对这种现象,王连茹老师采取了如下的引导式道德叙事教育。

她利用早自习的时间组织学生看了一段视频。视频中的主人公是力克·胡哲。他天生没有四肢,曾经三次尝试自杀。10岁那年,第一次意识到"人要为自己的快乐负责"。他是澳大利亚第一批进入主流学校的残障儿童,也是高中第一位竞选学生会主席的残障者,并获压倒性胜利,被当地报纸封为"勇气主席"。

这是一个十分感人的立志故事。王老师希望学生听了故事后能有所感悟,体验到残疾人的乐观向上精神,找到人生中属于自己的快乐。

视频播放完毕,学生似乎意犹未尽、若有所思。由此可以看出,学生的内心深处已经受到了深深的触动,已经体验到了力克·胡哲乐观、健康、阳光、积极的心态和不畏挫折、勇于挑战、敢于拼搏的精神。于是,王老师趁机问学生此时有什么感受。在学生纷纷谈出自己的感受后,王老师又进一步引导学生应该如何面对生活中的困难、如何面对期末复习阶段的枯燥和疲劳。"我们现在在这么温暖的教室里学习,还有好多孩子没有这么好的学习条件呢!""我们都是健全的人,有的残疾人想学习都很困难。"……学生们你一言我一语,已经认识到了自己存在的问题,并激发起刻苦学习的斗志。

三、辅助式道德叙事

辅助式道德叙事是指在教育的过程中,通过叙事来激发学生的兴趣,引发学生的反思,从而引导和帮助他们正确认识、深刻理解道德教育主题的辅助性教育策略。教育者依照个人习惯或经验零散地在教育的过程中叙述一些与教育主题相关的故事或生活事件,或运用故事的情境性和形象性吸引受教育者的注意力和兴趣,或用以阐释和说明某一思想道德观点,或解释道德教育主题的内涵,增强教育的感染力和说服力,使学生听后心灵受到震撼,产生深刻的道德体验和积极的道德情感,从而促进学生更深入地理解教育内容,更深刻地接受道德教育。

1. 培养学生的环保意识

在对学生进行"爱护公共环境"的教育时,笔者首先向学生讲了爱护公共环境的重要性、应该怎么样去爱护公共环境等问题,并要求每个学生从自身做起、从生活中的点滴小事做起,真正身体力行地做公共环境卫生的清理者和守护者。榜样的力量是无穷的。接着,笔者又讲述了《青岛早报》报道的一件事:在路上,一个 10 岁左右的小女孩吃完香蕉后,手拎着香蕉皮四处寻找果皮箱,不巧的是周围二十几米的地方没有果皮箱。于是,小女孩一直拎着香蕉皮,穿过马路斑马线,才将香蕉皮扔到马路对面的果皮箱内。

听了老师的讲述后,学生深受感动,他们都为小女孩的举动感到惊讶,同时也深刻地体验到小女孩不乱扔果皮、积极维护公共环境卫生的高尚品行。因此,他们纷纷表示,决心以故事中的主人公为榜样,从现在做起、从自身做起,以实际行动来爱护和维护周边的公共环境、公共设施。自那以后,笔者班的教室、卫生区都焕然一新,学生乱扔、乱抹、乱画的现象完全消失,"维护公共场所卫生,保持公共环境整洁"已成为我班每个学生的自觉意识和自然行为。

同样,《班主任之友》刊登了一个类似的故事:一位教师目睹了一个男孩把橘子皮扔在垃圾箱外面,一个又一个孩子视而不见地走过,终于有一个女孩把橘子皮捡起来扔进垃圾桶的过程。晨会课上,这个睿智的老师把它编成了一个童话——《橘子皮的故事》,以橘子皮自述的口吻讲述了他目睹的一切。

在这个童话故事里,故事的主人公——那些孩子们在经历着一种怎样的心灵洗礼呢?尤其对那个扔橘子皮的孩子来说,更是一种深刻而又无声的鞭策和教育。相信,聆听过这个故事的孩子们内心都会受到一些触动,获得一些体验,都能认识到自己的不良行为并感到内疚和自责,从而改掉不良行为,从自身做起,从点滴小事做起,严格行为规范,以实际行动自觉维护好每一处环境的卫生。

2. 培养学生抵制毒品的意识

在讲授七年级下册思想品德(山东人民出版社)《抵制不良诱惑 预防违法犯罪》一课中"不良诱惑的危害"这一部分中的"吸毒的危害"时,笔者首先向学生讲解了吸毒能摧残身心健康、败坏家业、传染疾病、诱发违法犯罪等种种危害性。笔者知道,仅凭自己这么简单讲讲,学生是很难真正理解和认识到毒品严重的危害性的。

于是,笔者又讲述了发生在身边的一件真实的事情:2008 年前后,我们附近的村子有一个 30 岁左右的男青年,依靠自己多年的拼搏,拥有多部工程车和一辆 20 多万元的轿车,在当地也算较富有。可是在一次不经意的生意场上,他接触到了一种名叫白粉的毒品。从此,他一发不可收拾,整日沉浸在毒品带来的醉生梦死的生活中。而且,为了继续保持这种所谓的快乐生活的状态,他将自己的全部的家当都一一卖掉了。就这样,仅仅一年多的时间,他就从一个资产几百万的帅小伙变成了贫困潦倒、一无所有的穷小子,从此销声匿迹了。

这是发生在我们身边的真实故事,甚至是有些学生熟知的事情,因此学生体验得特别深刻。他们听了后,都表现得非常吃惊甚至是惊恐,显然身心已经受到了强烈的震撼。有的学生说"真没想到毒品对人的危害这么大",有的说"以前听说过'车祸猛于虎',现在我觉得毒品比车祸都害人",还有的说"这件事对我们的教训太深刻了,大家一定要经得住各种不良的诱惑,努力提高自我防范意识,远离毒品,远离不健康的东西"。由此可以看出,学生已经深刻地体验到毒品的严重危害性了,而且认识到远离毒品、杜绝不良诱惑、健康生活的重要意义。

3. 对学生进行"尊重他人劳动"的教育

在讲授初中七年级《道德与法治》(山东人民出版社)上册第五课《做自尊自爱的人》第二部分"我自尊 我自爱"中的"尊重他人"时,文中指出"尊重他人就要……尊重他人的劳动……"。

这时,笔者问学生:为什么要"尊重他人的劳动"? 他们面面相觑,说不出个究竟来。

于是,笔者以尊重农民伯伯和学校伙房工人师傅的劳动为例,详细地叙述了一个馒头的来历:从农民伯伯耕地、施肥、播种、灌溉、追肥、打药、收割、晾晒、入库保存,到淘洗、晒干、磨面,再到和面、做成馒头、蒸馒头这十几道工序,每道工序中人们都付出了辛勤劳动。

学生听了后都十分惊讶,他们万万没想到一个馒头要经过这么多人的辛勤劳动啊! 这下子,他们真正认识到每个馒头的来之不易,体验到每个馒头蕴含着的无数劳动人民的辛勤和汗水,提高了对劳动的认识,增强了对劳动人民的情感,并且懂得了为什么要尊重农民伯伯和伙房工人师傅的劳动,为什么要"尊重他人的劳动"了。

4. 对学生进行集体主义教育

对低年级学生进行说理教育,更不能用空洞的说教、严厉的训斥,而应该采用他们能够接受的生动、形象、直观的方法,帮助、引导和教育他们形成一定的道德观念。

上海市的毛蓓蕾老师就是这样做的。在教学《集体的力量》这一课对学生进行"集体主义教育"时,她选用了《大雁起飞》的故事进行了讲述,使孩子们从听取的饶有趣味的故事中有所感悟和体验,从而懂得了个人不能离开集体的道理。

在这里,毛老师让学生通过听《大雁起飞》的故事,体验到大雁团结友爱的品质和齐心协力的团队精神,为低年级学生接受集体主义教育奠定了一定的基础。有了这样的基础,学生比较接荽地理解了集体主义的相关特征,并真正理解了"每个学生都离不开班集体"的道理。

记得清华附小校长窦桂梅曾说过:"德育不应该是坚硬的、棱角分明的。当我们刻意地去进行德育时,当孩子们知道德育就意味着自己要'受教育'时,他们就会本能地在心里竖起一道屏障,这就是德育效果差的重要原因。"

我想,我们的德育,应该是柔软的、温润的、灵活的和悄无声息的,要达到"天空没有翅膀的痕迹,而鸟已飞过"(印度诗人泰戈尔)的育人无痕的效果,而这样的道德教育境界更离不开学生自身的情感触动和深刻的道德体验。

第八节　愉悦体验道德教育

心理学家威廉·詹姆士有句名言："人性最深刻的原则就是希望别人对自己加以赏识。"

南京市江浦县行知小学校长杨瑞清在长期教育实践中发现，教师"赏识"孩子，对孩子道德体验的发生具有不可忽视的积极诱发和唤醒作用。为此，他提出并实施了名为"赏识教育"的方法。

得到别人的赏识，意味着个体的自我价值得到了体现和肯定，自尊和"自我实现"的需要得到了一定的满足。这时，人从心理上会产生较强的愉悦感，而情感又是支持和促进道德行为产生和发展的内在保证。因此，愉悦感的产生能激励行为个体不断地进步，去努力践行积极的道德行为，甚至能取得卓越的成就。

一、四个事例及分析

生活中，很多人在成长的过程中因得到他人的赏识、赞美后产生了愉悦的心理体验，从而有了自信、勇气和力量，努力进取，在学业或事业上取得了优异的成就，甚至改变了自己一生的命运。

[案例1]

罗杰·罗尔斯是纽约州的第五十三任州长，也是纽约州历史上第一位黑人州长。他出生在纽约声名狼藉的大沙头贫民窟。在这儿出生的孩子从小就耳濡目染逃学、打架、偷盗甚至吸毒现象，长大后很少有人获得体面的职业。然而罗杰·罗尔斯是个例外，他不仅考入了大学，而且成了州长。

"是什么把你推向州长宝座的？"面对三百名记者，罗尔斯对自己的奋斗史只字未提，他仅说了一个非常陌生的名字——皮尔·保罗。1961年，皮尔·保罗任诺比塔小学的董事兼校长。他发现这儿的孩子比"迷惘的一代"还要无所事事，他们不与老师合作、旷课、斗殴，甚至砸烂教师的黑板。他想尽一切方法来引导学生，可是无济于事。

后来，他发现这些孩子都很迷信，于是在他上课的时候就多了一项内容——给学生看手相。凡经他看过手相的学生，没有一个不是州长、议员或富翁的。

当罗尔斯伸着小手走向讲台时，皮尔·保罗说："我一看你修长的小拇指就知道，将来你是纽约州的州长。"当时罗尔斯大吃一惊，因为长这么大，只有他奶奶让他振奋过一次，皮尔·保罗先生竟说他可以成为纽约州的州长。从那天起，他的衣服不再沾满泥土，他说话时也不再夹杂污言秽语，他开始挺直腰杆走路，他成了班主席。在以后的几十年里，他没有一天不按州长的身份要求自己。51岁那年，他真的成了州长。

如果没有校长皮尔·保罗的"赏识"，罗尔斯就不会产生愉悦的心理体验，也就没有动力向"州长"的目标努力迈进，并成为纽约史上第一位黑人州长。

无独有偶。著名画家威斯特也是在经历了愉悦的心理体验后成为著名画家的。

[案例2]

威斯特小时候的一天，母亲外出，让他照看妹妹。他在家里翻箱倒柜，发现了几瓶彩色墨水，这是他以前从没玩过的东西。怀着好奇心，威斯特打开了瓶子，在地上、柜子上画起了妹妹的肖像，弄得家里到处是彩色墨迹，一片狼藉。母亲回来时，被眼前的混乱景象惊呆了。但她同时看到了地板上的那幅画像——准确地说，应该是一团毫无章法可言的墨迹。她知道这是儿子的杰作。于是，她对色彩凌乱的污渍视而不见，而是惊喜地说："这是莎丽（女儿的名字），你画得真像。"然后她弯下腰来亲吻儿子。后来，威斯特成名后常常骄傲地说："是母亲的亲吻使我成了画家。"

母亲的亲吻，是对威斯特绘画水平的充分肯定和赞美，也使他从内心体验到了成功的愉悦，从而对绘画产生了浓厚的兴趣和强大的精神动力，以至于后来在绘画艺术上取得了非凡的成就。

这时，笔者又想起了中国台湾著名作家林清玄的故事。

[案例3]

林清玄当年在一家报社当记者的时候，曾对一个小偷高超的作案手法给予赞扬，并由衷地感叹道："像心思如此细密、手法如此灵巧的小偷，做任何一件事情都会取得一定的成就吧。"林清玄不曾想到，他20年前无心写下的这句话竟影响了一个青年的一生。如今，当年的小偷已经脱胎换骨，成了台湾几家羊肉馆的老板，并在一次邂逅中真诚地对林清玄说："是您的那段话引导我走上了正路……"

正是因为林清玄发觉到了小偷身上的优点并对他情不自禁地赞赏，使他产生了愉悦的体验，看到了自身的优点，坚定了人生的信心，因此改变了他一生的命运。

相反，一个人如果得到的不是愉悦的心理体验而是悲观的心理体验，就可能产生自卑的心理，在事业上也往往与成功无缘。

[案例4]

一个黑人出租车司机载了一对白人母子，孩子问妈妈："为什么司机伯伯的皮肤和我们不一样？"母亲微笑着说："上帝为了让世界缤纷，创造了不同肤色的人。"到了目的地，黑人司机坚决不收钱。他说："小时候，我也曾问过母亲同样的问题，但是母亲说我们是黑人，注定低人一等。如果她换成你的回答，今天我可能是另外的一个我……"

黑人司机之所以拒绝收钱，是因为白人母亲的回答让他产生了从未有过的愉悦体验，顿生感激之情。

"我们是黑人，注定低人一等。"或许正是母亲这句自我鄙视的话让黑人司机产生了自卑的心理，因此才造成了他现在的平庸。

"如果她换成你的回答，今天我可能是另外的一个我……"这是黑人司机发自内心的感慨。可见，一句善良、赞美的话（起码不是鄙视的话）对一个人的成长是多么重要啊！它能点燃岁月的激情，成就美丽的人生。

不管是纽约州的州长罗杰·罗尔斯、著名画家威斯特还是林清玄赞美过的"小偷"，他们的成功都离不开所获得的愉悦的心理体验。相反，黑人司机正是因为没有听到过赞美自己的话，自卑的心里没有产生过愉悦的体验，所以才造成了他现在的平庸。

罗森塔尔等人的实验证明,学生对分解后的小小的成功的经验,如在兴趣小组中的体验,促发了他们走向成功的信心,激发了他们学习、修养和发展的热情,使他们感受到自己成功的能力。"皮革马利翁效应"秘诀,就在于罗森塔尔教授在教育教学过程和师生交往过程中,成功地组织和利用了教师的期望传递,让"人为提高组"的学生经历了教师的期望、赞赏和学生自我肯定、自我欣赏的愉快体验,这种愉快体验导引"人为提高组"的学生提高了学习成绩、智力水平和行为方式。

有关研究表明,一个人如果实施了某种道德行为,得到了他人或社会的认可和赞誉,从而获得精神上的满足和愉悦的心理体验,这种体验就会激励他继续从事这种道德行为,努力提升自己的道德境界,以期望获得精神上更大的满足和心理上新的愉悦感。也可以说,愉悦的体验是生命个体的道德意识和道德行为不断发展的动力与源泉。

二、赏识、赞美、表扬学生

每个学生都需要获得他人的欣赏和支持,而且这是人的一种精神满足的需要。它是个体进取的动力系统,是个性道德发展的力量源泉,是接受教育、参与德育活动的基础。尤其是教师给予学生的欣赏和支持,能给学生带来精神上更大的满足感,使学生获得更愉悦的心理体验,从而促进学生积极道德行为的产生、发展,甚至能使他们发生根本性的转变。

1. 玛瓦柯·林斯的奇迹

被誉为美国最成功的教育家之一的玛瓦柯·林斯,在别的老师眼里"不可教"的学生,在她手里,到了四年级时便可以读欧里皮德斯、爱默生和莎士比亚的作品,在10岁时可以做高中的数学题。越来越多的学生来到她的学校,所有学生都小学毕业了;小学毕业后都上了高中,而且也都毕业了;高中毕业的学生都上了大学,也都大学毕业了。但那都是些"不可教"的学生。如今,玛瓦柯·林斯的学生有政治家、商业人士、律师、医生、教师。

玛瓦柯·林斯创造了教育的奇迹。许多人总结过她的教育思想和成功之道,归根结底就是"赞美和信任",使学生获得愉悦体验、树立了自信心。

2. 物理学家的进步

下面是一个来自于《东方教育时报》的案例。

美国一个物理学家小时候的一次物理考试只考了8分,于是就想放弃物理学习。他的物理老师鼓励他再考一次,并向他承诺,下次考到9分就算及格。他经过努力,结果这次考了28分。考了28分也没法表扬,于是物理老师让全班同学把这次的考分减去上次的考分,并在黑板上写了一个问题:这次考试班里哪位同学进步最大? 全班同学异口同声地说出当时只考了28分的这位物理学家的名字。从此,他爱上了物理学。

正是老师的表扬和全班同学的认可,使这位学生获得了愉悦的心理体验,树立了自信,才对物理学产生了兴趣,爱上了物理,以至后来成为成就卓越的物理学家。

3. 季羡林的改变

《四川教育》报道了我国一代国学大师季羡林的故事。

季美林先生上学时，一篇记叙回家奔丧时的作文得到了当时高中语文教师董秋芳的激赏，被称之为"全班甚至全校之冠"，他感到非常喜悦和兴奋。就这样，埋下了他终身写作的种子。从此，写作成为他生活中不可或缺的一部分，每有真实感触，则必写为文章，以致后来成为学识渊博、著作等终身的大师。

正是"全班甚至全校之冠"的赞美和赏识，使季老当时产生了强烈的愉悦体验，从而开启了他波澜壮阔的学术与写作人生，成就了一位大家！

4. 王刚的变化

笔者在日常教学中，也善于发现和抓住学生的闪光点给予及时的表扬和鼓励，以期望他们获得愉悦的心理体验，扬起自信的风帆，取得更大的进步。

笔者班学生王刚（化名），自我约束力较差，不但自己上课不认真听讲，还交头接耳影响其他同学听课。任课老师多次找笔者反映此事，笔者也多次批评、教育过他。找他的当天，他能有所收敛，可没三分钟，他的老毛病就又显现出来了，弄得笔者对他也是束手无策。怎么才能打开他心理上这扇难进的门呢？后来笔者经过了解，王刚是个热心肠，乐于助人，谁的自行车坏了，他会主动帮着修理；谁生病了，他会跑前跑后，又买药又倒水。一位著名心理学家曾说："抚育孩子没有其他窍门，除了赞美他们。"于是，笔者抓住他的这一优点，在班上大张旗鼓地表扬，并号召全班同学向他学习。过后，笔者又主动找他谈心，希望他在其他方面也能做得很好，并且相信他一定能够做到。这招儿还真灵，王刚真的渐渐地变了：上课认真听讲了，遵守课堂纪律了，学习成绩也提高了，其他任课教师对他的看法也变了。

三、引导家长寻找孩子的优点

在日常生活中，教师不仅自己要善于发现学生的优点，还要引导家长在家中细心观察，努力发现孩子身上的长处和优点，并及时地给予表扬和鼓励，让学生获得更多的愉悦体验。

为了及时、全面地发现学生身上的优点，使他们树立起自信心，浙江省江山市大溪滩小学独具匠心，开展了"家长给孩子找优点"活动。学校引导、鼓励家长用全面的、发展的眼光看待孩子，细心观察孩子学习、生活中的点点滴滴，把孩子每一天的表现与昨天相比，与前天相比，不放过任何微小的进步。于是，家长们开始转变观念，眼光也从过去只盯着孩子的学习成绩延伸放大到更多的方面，如孩子的性格脾气、文明礼貌表现、劳动态度、文体爱好、动手能力等。

就这样，一条又一条的优点像雨后春笋般出现在家长的视野里。家长又把发现到的孩子的每一条优点通过短信及时发送给班主任老师。教师把收到的短信认真地记录在自己的笔记本上，然后在班里与学生一起分享，力争使每一位学生都能享受到被他人认可和赞赏而产生的愉悦体验。

其中，徐雯雯的家长更是别出心裁。他们在孩子熟睡的时候一点点地回忆，竟然从孩子身上找到了20多条优点，并一点点记录在漂亮的书签上，放在孩子的枕边。

"第二天早上,当我睁开眼睛看到这张书签,我的眼泪一下子就滚落下来了,没想到我在爸爸、妈妈的眼里竟然这么优秀。"说起这事,雯雯仍是一脸的高兴。

就这样,愉悦体验让她扬起了自信的风帆。

四、为学生搭建发挥特长的平台

我们不仅要善于发现学生的优点,而且要给他们搭建施展个人才华的舞台。

我们面对的学生参差不齐,总是存在一定的差异,因为成功不可能同时赋予每一个人。或许,有某些学生素来与成功无缘。对于这些学生来说,自尊心与自信心都会受到很大的打击,学习劲头和精神状态也会大打折扣。要想转变这些学生,除了做好思想工作并采取各种方式鼓励他们之外,最重要的一点就是要创造条件让他们有一个能够获得成功体验的机会。因为这样,他们才能够尝到苦尽甘来的滋味,才能够扬起自信的风帆。这就需要教师要有一双慧眼,善于发现学生的哪怕极其微弱的一点长处。只要他们有一技之长,就要努力为他们提供一个施展个人才华的舞台,让他们充分地展示自我,让他们有一个能够站在领奖台上的机会,去感受和体验成功者的喜悦与自豪,而且在这样的情况下产生的愉悦体验会更加深刻和持久。只有这样,他们才能树立起自信,才能更有信心、更有激情去不断地努力,不断地发展自己、超越自己,不仅在特长上,甚至在其他方面也会得到长足的发展。

1. 办音乐会或书画展等活动

据《现代教育报》报道,在北京很多中小学,都有过给某一个有特长的孩子开办个人书画展或个人音乐会的经历。

首都师范大学附属朝阳实验小学秉承"让每一个孩子都精彩"的办学理念,从新学期开始,陆续为学生搭建"星光梦想舞台",为在艺术方面有才华、有特长的同学提供展示的机会。学校每周都会为学生举办一次个展,包括学生个人音乐会、个人演唱会、个人书画展、个人舞蹈专场……

北京第二实验小学给每个孩子搭建平台,凡是有书画爱好且积累了一定作品的孩子,都可以向学校提出办个展的申请。学校就会在教学楼大厅为孩子们精心置办一场个展,展出时间通常在10天左右。办个展的孩子不但能得到李烈校长亲笔签署的个人证书,而且在个展结束后,还能挑选一幅自己最满意的作品,永久性存放在学校展览室里珍存、展出。"这对孩子来讲,是很高的荣誉,他们都骄傲极了,说这是他们小学阶段最了不起的事情。"李烈校长如是说。

不管是举行音乐会、舞蹈专场还是办书画展,其目的都是通过为孩子们搭建展示自我价值的平台,让他们在各种活动中显露身手、展示才华、张扬个性。有这样经历的孩子会有很大的成就感,身心能深刻地体验到成功的愉悦和自豪,从而赢得自尊、树立自信,以高涨的热情去面对学习、面对生活、面对人生和未来。

2. 开展"5分钟说吧"活动

而笔者给学生创设的展示自我的舞台,是在班级中开展了"5分钟说吧"活动,即周一至周五,每天早晨和中午各拿出 5 分钟时间,组织学生就自己最感兴趣的话题在班级进行演说。活动中,学生根据自己的兴趣爱好,反复酝酿,精心编辑最精彩的内容,大显身手,纷纷登台献艺。喜欢历史的学生,有的点评各个时期的历史人物,有的还原不同阶段的历史真相,有的讲述最感人的历史故事;爱好体育的追星族,则滔滔不绝地讲述心中的偶像在不同规模的比赛中创造的辉煌业绩;追求时尚的女生,倾心于对美的认识和追求,大胆地构思对发型、服装的设计与搭配;喜欢音乐的学生动情地演唱自己最喜欢的歌曲……

实际上,开展"5 分钟说吧"活动,是给孩子们一个"扬长"的机会,让他们尽情地发挥自己的优势,展现自己独特的风采,使他们在班集体中产生一定的优越感和愉悦感,唤起他们更多的自信心,以点促面,激励他们能够在其他方面也得到长足发展,慢慢地为他们铺就走上成功的宽阔大道。

记得著名作家王尔德说,使孩子品行好的最佳方法是让他们愉悦,一个人在愉悦的状态下才能接受各种各样的规范和教育。

第九节　挫折体验道德教育

一位从事教育工作几十年的教授说:"我如今越来越担忧中国的教育,尤其是中小学教育。孩子生活在父母的保护伞下,不经日晒,没有雨淋,就像生活在温室里的花朵。"

大家都知道,温室里的花儿是经不住风霜雨露的侵袭的,只有让孩子们多经历一些挫折,多一些挫折体验,才能使他们懂得任何事情都不是一帆风顺的;有成功也有失败,才能培养孩子们吃苦耐劳的精神,增强孩子们的耐挫能力,使孩子们经得住种种压力和考验,在跌倒中爬起,挫而不折,愈挫愈勇,在纷繁复杂的社会中站住脚跟。正如中国台湾作家林清玄所说的,"保护孩子是不错的,但适度地让他了解这个世界的打击、挫折和黑暗面,会让他在成长过程中更加平安"。

一、父母要创造挫折体验的条件

家庭是学生生活的主要场所之一,学生的大部分时间是在家庭中度过的。因此,对学生进行挫折教育,仅靠学校的力量是不够的,我们必须引导和动员家长努力给孩子创造一些挫折体验,做好学生的挫折教育。

中国独生子女群体的诞生,促进了父母对孩子的溺爱。他们将孩子视为掌上明珠,孩子要什么就给什么,极力满足孩子的一切需求,生怕他们受到一丁点儿委屈。长期在衣来伸手、饭来张口的"温室效应"家庭里成长的小少爷、小公主,根本体会不到生活的艰辛、父母财富的来之不易,根本得不到任何锻炼,这样怎么能经受住风霜雨露的侵袭?长期形成的以自我为中心的观念,怎么能在社会大环境中避免处处受挫呢?

美国一位儿童心理学专家说过,"有十分幸福童年的人,常有不幸的成年"。对孩子来说,挫折是他们成长的必修课,没有经历挫折历练的孩子,长大后往往会因很难适应激烈竞争和复杂多变的社会而深感痛苦。徐特立先生说:"想不受任何挫折而成长起来,那是神话。挫折是成长过程中的必需品。"对现代家庭来说,让孩子品尝一点儿生活的磨难,让他明白人生的道路是坎坷不平的,并学会在苦难与挫折中成长和成熟,对提高孩子的心理承受能力是大有益处的。因此,学校要及时引导父母转变爱孩子的方式,尽力为孩子多创造机会使他们经历一些挫折体验。多进行一些挫折教育,实际上这是对孩子的一种更深层次的爱和保护,一种有大智慧的真爱。

1. 教师要引导父母培养孩子的自理能力

早在 1927 年,我国著名儿童教育家陈鹤琴先生就指出:"凡儿童自己能够做的,应该让他自己去做;凡儿童自己能够想的,应该让他自己去想。"如从孩子两三岁开始,就让他独自睡觉,自己吃饭、穿衣服、如厕,自己收拾玩具、整理床铺等。再大一些时,让孩子整理自己的房间、洗袜子,承担部分力所能及的家务劳动等。等孩子上小学时,不管什么事情都要尽量让孩子独立去完成,即使遇到困难也不要急于帮助,而是要让孩子自己想办法解决,让孩子的心里时刻有"自己的事情自己做,自己遇到的困难自己想办法解决"的意识,以培养孩子坦然面对困难的心态和积极解决困难的能力。

正如一位学者所说,"作为父母,一定不要代替孩子做事。对孩子来说,任何事都要靠他们自己的努力,即使遇到失败,也应该让他从中学会本领。只有这样,将来他才能自食其力,才不会惧怕挫折,才会勇于拼搏与进取"。

在西方一些国家,孩子两岁半以后,上厕所都由孩子自己处理;尽管父母事后要检查,但十分注意让孩子自己去做该做的一切。因此,西方的孩子大多具有较强的独立意识。

其中,美国的家长就非常重视对孩子这方面的培养。一群美国中小学生利用假期来中国生活了几天。戴瑞是其中最小的一个,刚 11 岁。她给中国学生印象最深的是那个与她年龄不大相称的大背包。一天,游天坛公园时,同行的一名中国学生想助人为乐,便走过去对她说:"我帮你背包吧!"不料,戴瑞睁大双眼,疑惑不解但又彬彬有礼地说:"谢谢你,自己的东西就应该自己拿呀!"其实,戴瑞的父母和兄长就在她身边,而且他们各自的背包要轻得多。一位中国记者问戴瑞:"外出都是自己拿东西吗?"她微微一笑,点点头。这天,她背着足足有三五千克重的包,但她仍旧玩得很开心。

2. 教师要引导父母多给孩子设置一定的障碍

一位明智的父亲曾说,"在孩子成长的道路上,一定要给他设置一些他能够独自跨越的障碍。如果你一味地让他在顺境中生活,等长大后他一旦遇到挫折,就一定经受不住挫折的打击,从而产生令人意想不到的后果"。在生活中,家长要有意识地给孩子设置一定的生活障碍,力争让孩子多经受一些磨难和挫折,这对孩子成长的好处是毋庸置疑的。例如,可以有意让孩子到较陌生的邻居家借用生活用具;可以在确保安全的情况下,让孩子自己徒步到相隔几公里的亲戚家探亲;可以让孩子与比他更优秀的同龄伙伴一起做智力游戏,让孩子在游戏中体验到更多的失败和不如意;可以根据孩子的学习水平,在家中适当地布置一些有难度的题目让他做,使孩子在做题的过程中经受一定的磨难,体验到学习中可能遇到的种种困难；也可以与孩子一起爬山、长跑、远途跋涉，使孩子经受过度劳累、体力不支的挫败感。

3. 教师要引导父母学会拒绝孩子的不合理要求

法国著名教育家卢梭说过，"你知道怎样使你的孩子备受折磨吗？这个方法就是父母的百依百顺"。过分满足孩子的要求容易引发孩子过高的欲望，对孩子的成长十分不利。这就要求家长对孩子提出的要求要做具体分析，看孩子的要求是否合理，对不合理的要求一定要坚决拒绝，而且决不能因为孩子年龄小或哭闹就妥协答应他。当孩子故意纠缠的时候，父母就更不应该让他得逞。例如，为了使孩子从小就认识到"并不是人生中的所有愿望都可以满足的"，可以经常对孩子喜欢并极力想买的东西不是随口答应，而是以钱不够或没有带钱为由拒绝孩子的要求，以此种方式使孩子经历挫折体验，并受到一定的挫折教育。

4. 教师要引导父母学会冷落孩子和善于批评孩子

在家里，如果处处以孩子为中心，容易使孩子形成唯我独尊的意识，这样孩子一旦离开父母走出家门，进入一个新的环境，会产生很大的心理落差，以致使自己从心理上难以接受。因此，父母平时要学会有意识地冷落孩子，使孩子内心经历和体验到不被人重视的感受，并尝试着学会自我调整心态。同时，对孩子日常生活中犯下的错误，父母不要视而不见，要及时地指出来，并视情节轻重给予不同程度的批评，使孩子从小就认识到犯了错误就应该承担责任，并从心理上认可和接受，以增强他们的心理承受能力和责任感。

5. 教师要引导父母学会舍得让孩子吃苦

一些教育专家指出：适当地对孩子实行"吃苦教育"，让处于顺境中的孩子对艰辛的生活有一个大致的了解和认识，这样就可以让孩子的身心得到锻炼、人格得到健全。俄国著名作家屠格涅夫曾说："你想成为幸福的人吗？那么首先要学会吃苦。能吃苦的人，一切的不幸都可以忍受，天下没有跳不出的困境。"

加拿大的家长就非常注重对孩子的吃苦教育。一位父亲让上小学的儿子每天早晨早早起床，到各家各户去送报纸，而且风雨无阻，从来没有耽误过。在英国，大约有16%的青少年利用业余时间打零工，以补充他们的零用花销。最常见的零工为送报纸，24%的孩子打这样的工。另有17%的孩子则在商场、酒吧或餐馆打工。更令人出乎意料的是，世界上最富有的家族——沃尔玛集团的沃尔顿家族已逝的董事长山姆·沃尔顿要求四个孩子从小就开始打工，在商店擦地板，帮忙修补仓库的房顶，晚上帮助装卸简单的货物，老沃尔顿则根据一般的工人标准付给他们工资。

同样，我国南方地区一些教育意识较超前的家长，在孩子十几岁时，就让其外出打工挣钱，让孩子从小在打工中磨炼自己、经受挫折、感悟生活、体验人生。全国优秀家长吴章鸿女士特别注意有意识地让孩子吃苦，她曾说："我有意识地让我孩子去打工，有意识地让我孩子去吃苦。"

中国香港富商李嘉诚也十分注重对孩子的"吃苦"教育。他将十几岁的李泽钜、李泽楷送到美国读书，并一直让他们独立生活。在经济十分拮据的情况下，李泽楷先后兼职做过麦当劳收银员、高尔夫球童等工作，而且常常工作到深夜，累得腰酸背疼、疲惫不堪。或许正是经历了这样的挫折体验，才培养了李泽钜、李泽楷兄弟俩吃苦耐劳、顽强拼搏的精神,使他们成为香港新一代商界精英。

二、学校要开展挫折体验的活动

1. 开展挫折教育活动

挫折本身不能造就孩子,能够造就孩子的是让他在经历挫折和苦难的体验中不断磨炼和健康成长。学校要不断加强对学生的意志培养和磨炼教育,定期组织学生举行军训、拉练、夏令营、越野赛等耐力性较强的活动,让学生在活动中亲自感受到劳累和苦难,切身体验到活动的艰辛,认识到不断克服困难、战胜挫折是人生的宝贵财富;培养学生吃苦耐劳的精神,使他们"具有积极的心理品质,自信自爱,坚韧乐观,有自制力,能调节和管理自己的情绪,具有抗挫折的能力"。

(1)举行军训活动。

军训活动是对学生进行挫折教育的载体。每一届初一新生开学时,即墨省级高新区中学都要对学生进行为期一周的军训活动。学校专门聘请部队教官或体校教师对学生进行跑步走、齐步走、踏步走等各种步伐训练及各种队列练习。烈日下,学生有的晒黑了皮肤,有的身上起了热疙瘩,有的脚磨起了水泡,也有在场地上晕倒的,但学校并没有因为这些问题的出现而让他们放弃训练。就这样,不管是烈日当空,还是阴雨绵绵,教官都照常对学生进行严格扎实的训练。

五天的军训,不仅使学生掌握了一定的队列知识和技能,更重要的是体验到军训的累和苦,懂得了执着与坚强,树立了敢于克服困难、勇于战胜困难的信心和勇气。

(2)"特种兵"式的训练。

"特种兵"式的军旅生活,是对学生很好的挫折体验教育。

2016年7月5日到9日,上海市七宝实验小学30名10岁左右的男孩走进武警部队,用5天4夜的时间体验作为男子汉的军旅生活。

学生一来到武警中队,就进行3000米跑。跑不动了,一个战士牵着一个孩子往前跑——进了军营,任务就必须完成!

野外全负重拉练特训作为压轴大戏在孩子们的成长中画上了浓重的一笔。拉练中,孩子们背上自己的所有行囊——衣服、鞋子、作业,连毛巾、漱口杯也带上,撑得书包大大地鼓了起来。有的孩子前胸背一个包,后背驮一个包。有的大同学在行军途中还要照顾年龄小的战友。在4个小时的负重拉练中,有的学生带病坚持了下来。

夜间紧急集合让孩子们苦不堪言。凌晨警报响起,紧急集合!熟睡中的孩子被战士从床上拉起,套上裤子上衣。因为动作慢,有的孩子鞋都顾不上穿就奔出了营房。早上五点半,孩子们又被起床哨叫醒,跟着战士们晨跑,400米一圈,至少6圈。早操结束后,叠"豆腐块"、擦地、摆鞋、整理床单,战士们要做的,他们一件也不能少,最后才能抽出2分钟时间刷牙、洗脸。

吃完早饭,一天的训练刚刚开始。教官一声令下,孩子们扑通一声扑倒在地上,像一个个即将出征的勇士,无论前方是泥坑还是水塘,无所畏惧,全力前行。一场战术动作下来,所有孩子都成了活脱脱的"泥猴"。烈日下,孩子们身上的衣服湿了干、干了湿,厚厚的盐渍、泥浆成为他们的战绩。

在五天四夜中,孩子们亲身体验到了军营生活的苦、累和铁的纪律,增强了他们不畏困难、不畏挫折的勇气,培养了他们吃苦耐劳的品质和严格自律的意识。活动结束后,洪钰轩主动拒绝爸爸帮他拎包。父母也反馈:孩子现在每天早起跑步,自己的事情主动完成,能讲道理,不乱发脾气……

（3）开展室外体验课活动。

上海中学通过开展室外体验课活动进行挫折教育。没有菜,没有米;没有燃气灶,没有电饭锅;没有宾馆,更没有地毯暖床……在48个小时内,学生必须自己采购食材,自己生火烧饭,自己搭帐篷,还需负重行军,完成看似不可能完成的任务。2014年4月17日,上海中学48小时户外生存体验活动正式开始。全体高一年级学生身穿迷彩服,在远离上海市区的青浦东方绿洲野营区,热情高涨地进入"自己动手,丰衣足食"的战斗状态。

每个班级自成一营,营内分为7个小组,分别负责采购、炊事、宿营、纪检、军事执勤、新闻采写和文娱活动。每个营都有学生担当指挥官,直接向更高级别的团部领取任务和汇报工作进度。完全自主管理的48小时,远离父母的呵护和舒适的家庭环境,孩子们在艰苦的环境下得到了锻炼。

正如上海中学德育主任张泽红所说,"48小时生存体验从1999年举办至今,带给学生最难忘的就是这种动手的快乐,合作的喜悦。书本代替不了体验,48小时所经历的事情,会让他们终生难忘"。

（4）开展"重走长征路"活动。

为了让学生体验当年红军战士二万五千里长征的艰辛和困难,学习和弘扬红军二万五千里长征精神,2016年11月22日,即墨市中学生实践教育基地组织即墨省级高新技术产业开发区中学七年级全体学生举行了"重走长征路"活动。

学生以中队为单位,从实践基地出发,排着整齐的队伍,高高地举着队旗,绕过"青年同心林",沿着崎岖不平的山路开始了徒步行进。这几天,正是寒潮来袭,西北风嗖嗖地刮着,气温降到了零下五六度。学生顶着凛冽的寒风,迈着坚实的步伐,行走在弯曲的山路上。途中,有的学生走得腿又酸又疼,有的学生脚底磨起了水泡,有的学生耳朵被冻起了痘痘,但他们不喊苦不喊累,咬紧牙关,互相鼓励,坚持,坚持,再坚持。

就这样,经过近2个小时的顽强跋涉,终于走完了10千米的"长征路"。这时,学生都累得气喘吁吁、大汗淋漓,有的干脆一屁股坐到地上不起来了。对于孩子们来说,在这样恶劣的天气里,步行这么远的路,这是他们以前从未有过的经历。这下子,学生亲身体验到了长途行走的艰辛和困难,觉得这不仅是力量的较量,更是对意志的考验。

同学们在谈"重走长征路"活动的感受时,有的学生深有体会地说:"我们仅仅走了10公里的路就觉得这么累,当年红军战士走了25000里路,多么不容易啊!"有的学生说:"当年不仅环境恶劣,要爬雪山、过草地,而且前有敌军围截后有敌军追击。红军战士要经受多么大的困难,要有多么坚强的毅力,要付出多么艰辛的努力啊!"还有的学生说:"红军二万五千里长征真是个奇迹,真是太令人感动,太令人敬佩了!"学生深刻地体验到当年红军二万五千里长征的艰难困苦,体验到长征精神的伟大。他们纷纷表示,一定要发扬红军二万五千里长征精神,在学习中、生活中,不怕累,不怕苦,勇敢地面对挫折,积极地克服困难;一定不辜负先烈们的殷切期望,珍惜先烈们用鲜血换来的大好时光,刻苦学习,奋发图强,努力做一个新时代的优秀中学生。

2.创设问题、制造挫折

教育,从某种意义上说,就是创设问题、制造挫折。

学生的学习生活始终处在一帆风顺的环境中,对他们身心的健康成长、人格的塑造、意志的培养往往会产生不利的影响。相反,如果在他们的学习中故意设置一些障碍,制造一些必要的麻烦,挫一挫他们"初生牛犊不怕虎"的锐气,让他们经受一定的挫折和磨炼,体验一下学习、生活中的苦和辣的味道,对他们意志力的培养和身心健康成长是大有益处的。

(1)给学生出难题。

在课堂教学中,笔者针对班里个别学习优秀的学生自认为聪明过人、傲慢自大、无所事事的现象,故意设计一些难度较大的拔高题让他们做。这时候,他们抓耳挠腮、冥思苦想,甚至绞尽脑汁,一道题往往大半节课都做不出来,亲自体验到在学习过程中被种种拦路虎和绊脚石击败的滋味。就这样,学生在亲身经历了几次这样的体验后,他们的嚣张气焰被打消了,在课堂上也变得勤奋了、虚心了、认真了,并且认识到世间的事物并非都那么简单,即使自己再聪明,有些事情也往往需要付出艰辛的努力。

(2)开设"神题课""死亡课"。

无独有偶。《当代教育家》介绍了英国学校通过上"神题课""死亡课"对学生进行挫折体验教育的做法。

英国温布尔登中学设立了"失败周"。在"失败周"期间,老师每天都用各种难题来打击学生。题的难度之大,即使非常优秀的学生也做不对几道,这就是"神题课"。温布尔登中学是英国顶级的中学,这里的绝大多数学生都很优秀,学校担心学生因为自我感觉良好而产生一种优越感,从而经不起挫折或裹足不前。开设"神题课"的目的,就是为了让学生在做难题的过程中体验到种种困难和挫折,从小就摆脱完美主义思想,学会坦然地面对挫折、接受失败。

"死亡课"是指在"失败周"期间,学校聘请殡仪馆的工作人员为学生讲述自己日常工作中的一些事情;讲完后,让学生上台轮换扮演角色,模拟父母因车祸身亡时该如何面对等。很多学生入戏很深,甚至情不自禁地流下了眼泪。

谈到为什么要开设这样的课程向学生展示阴暗面时,一位叫艾琳的殡仪工作人员解释道:"这样的课程会让学生体验突然变成孤儿的感觉,这有助于学生体验遭遇不幸时的复杂心情,以及学习怎样控制自己的情绪。"像这样的挫折模拟情景和角色扮演,在英国的学校中十分常见。当然,除了这些,英国的中学还经常组织学生到法庭参观,并旁听审讯现场,意在不刻意保持学生心灵的"纯洁",不回避让学生了解社会的丑恶现象,以防学生一旦接触社会看到某些阴暗面后感到茫然若失、无所适从。

三、加强学生的惩罚教育

著名教育专家孙云晓曾经说过,"没有惩罚的教育是不完整的教育,是一种虚弱的教育、脆弱的教育、不负责任的教育"。近几年,教育的某些领域大力倡导赏识教育,而忽视和淡化了对学生的缺点和其存在问题的批评、惩罚教育。久而久之,导致学生只能吃甜而吃不得苦,甚至心里连半句逆耳的话都容不下,对困难、挫折等不利因素的承受能力更是低得可怜。因此,对于学生的缺点和存在的问题决不要姑息迁就、无原则地忍让,我们要及时地给予适当的批评和合理的惩罚,使学生亲身体验到惩罚的威力,并且真正认识到犯了错误理应受到惩罚,并从心理上坦然地接受,以增强学生对负面因素的承受能力。

惩罚教育的方式是多样的。

教育家魏书生老师对学生进行惩戒教育的方式,是让犯错误的学生唱歌或要求学生针对错误行为写出规定字数的说明书、心理病历;《班主任兵法》的作者万玮老师创造性地对学生提出了"心罚"的概念。

袁老师则采取了如下的惩罚措施:针对班里经常丢东西的不良现象,在一次交书费的时候,袁老师利用录像抓住了这个时常偷东西的学生。他首先批评了这个学生,追回了本次被偷盗的钱物,然后统计了这个学生以前曾经偷盗的钱数。因为以前偷的钱都已经被这个学生花掉,袁老师在答应替他保守秘密的前提下,要求学生制订一个还款计划,并协商确定要通过捡拾饮料瓶等方法筹钱。结果,这个学生利用了很长的时间,付出了很多的辛苦才赚到了够偿还的钱款,并在这个过程中认识到只有通过自己的努力得到的东西才是自己的。

袁老师的惩罚,不仅使学生体验到了赚钱的艰辛,形成了坦然面对挫折的心态,而且悟出了"只有通过正当的途径或手段,经过自己的辛勤努力争取到的东西才是完全属于自己的东西"的真谛。

第十节　爱与尊重的体验道德教育

对道德精神层面的教育,必须在平等、开放和安全的气氛下才有可能真正完成。据有关研究表明,德育过程中的安全感效应,不仅使受教育者在感情上容易接受、认同教育内容,不会感到道德是外部强加的约束,而且容易将安全、信任转化为同情与爱。

朱小蔓教授也建议,"我们在道德教育中,一定要给学生提供和谐融洽、安全有序的人际关系和生存空间",以便诱发他们正向的情绪感受和积极健康的人生体验。

爱和尊重学生就是一种能够营造出良好氛围的教育方式。

皮亚杰在儿童的心理结构中发现了三种能够影响儿童道德生活的情绪或情感倾向,其中就包括爱的需要和尊重情感。心理学家亚伯拉罕·马斯洛早在 1943 年就指出,爱、尊重是人们的心理需求。

但是，爱和尊重并不是时时刻刻都会直观地呈现在每个人的面前的，它需要人们在一次次实践中不断地去感受和体验。人只有从内心体验到爱的阳光的普照，体验到尊重的雨露的滋润，才能真正地理解爱和尊重的意义，才能做到自尊、自信、自强，才能懂得怎样去爱别人、尊重他人。

一、爱与尊重需要感悟和体验

爱不是与生俱来的情感，爱与尊重需要在一次次的体验和感悟中产生。

在"爱"的教育中，说教是苍白无力的，不管表面有多么轰轰烈烈，实质都是虚无，唯有真正让心灵沉入其中，认真倾听，用情感悟，爱才能被真正领悟。也许，我们无法用言语来表达，但我们可以化作行动来表明。

一年一度的 5 月 20 日，是一个表达"我爱你"的日子。在这样的时间里表达爱，更有一番意义。重庆市人民小学三年级的师生在这一天发起了 Family Day（家庭日）活动，500 名学生和教师像平常在家里一样穿着睡衣走进课堂，相互赠送感恩卡、友情卡，还互相大声说："我们是相亲相爱的一家人。"活动表达了一个朴实的想法——学校就是大家庭，师生之间、同学之间都要充满爱。

"在这样的一个日子里，在不影响正常教学的前提下，让孩子们穿着睡衣学习一天，对他们进行一次爱的教育，学校愿意为孩子们提供这样一个宽松的成长环境。"人民小学校长杨浪浪对 Family Day 活动非常支持。她坦言，学校就是一个大家庭，每位教师和学生都是这个大家庭的成员，师生要学会相亲相爱，要让学生感受到班级大家庭的爱和温暖。

在这样弥漫着温暖、祥和和爱的气息的氛围中，学生一定能体验到师生之间那滚烫的爱、真挚的爱、淳朴的爱，体验到爱的纯洁、神圣和无私。

二、教师要爱学生，并使学生体验到爱

爱是人世间一轮最温暖的太阳，爱是滋润学生心田的甘甜雨露，爱是伴随受教育者健康成长的清新空气和灿烂阳光，爱更是教育的灵魂。

爱不仅是人的一种心理需求，它更是一种催人奋进的力量。当学生体验到老师给予的爱后，不仅心里会感到温暖和欣慰，而且还能不由自主地将爱转化成激情和力量，激励自己不断地去努力、奋斗。陶行知说："教育是从爱里产生出来的。"因此，教师对学生的爱要毫不吝啬地给予学生，努力让学生从内心真正体验到教师各种形式的"爱"。雅斯贝尔斯在谈到爱的含义时说："爱是对人不自由的束缚的解脱。……爱与交流的行为是人的天性中的重要一维。"（爱是道德教育，控制不是道德教育）

1. 教师对学生的爱，要从日常生活中的点滴小事做起

爱并不需要轰轰烈烈、惊天动地，有时候，一件不起眼的小事、一个小小的举动往往凝聚着教师真挚的爱，犹如一股清泉滋润着学生幼小的心灵，而且能被学生深深地体验到，并将爱转化成学习的激情和力量。

在这方面笔者是深有体会的。

前几年，笔者曾教过这样一个学生：他叫刘刚(化名)，很调皮，上课不认真听讲，作业不按时做，打架骂人，而且语文、数学成绩一直保持个位数字，气得班主任(语文老师)不是把他撵出教室罚站，就是叫到办公室狠狠地批评，结果都无济于事。

有一次，笔者在班上订正数学练习题，其他同学都在认真地听讲，只有他耀武扬威地转来转去。笔者走过去一问，原来他当时没买这套练习题，因此无所事事。于是，笔者把自己手中的这套题递了过去，并诚恳地对他说："老师送给你了，你要好好做。"一个小小的举动温暖了他的心，也改变了他上课的表现。以后笔者订正答案时，他都能及时地把题做完，即使自己不会做的也要照别人抄上。于是，笔者趁热打铁，及时鼓励他、表扬他作业按时完成了、上课遵守纪律了、学习成绩进步了。

就这样，他渐渐地变了，上课认真听讲了，作业及时完成了，不懂的问题也爱问同学、问老师了。经过近一个学期的努力，期末考试他的数学竟考了60分，对于他来说简直是个奇迹。

笔者想，导致奇迹发生的根本原因，应该是笔者送给他的那套练习题，让他从内心体验到老师对他前所未有的"关爱"，从而有了上进的激情，对学习产生了强大的动力。

2. 教师对学生的爱，要走进学生的心理世界

孩子们的心理是极其脆弱的，有时候教师要将爱化成和风细雨，化成涓涓细流，暖暖地融入学生的心里，抚平学生受伤的心灵。这样的爱，学生体验到后，不仅容易接受，而且能将爱转化为力量，重新振作起精神，变得坚强、自信，对老师也会深怀感激，甚至能将老师视为知心朋友。

邓公明老师一次到外班监考，发现考场最后一排的一个女生正在流泪，只是没哭出声来，根本没有心情答卷。因当面安慰她怕影响其他同学答卷，于是邓老师返身回到讲台，用笔写下了几句安慰的话，然后悄悄地将纸条递给了这个女生，并投以真诚的微笑。女生打开纸条后，仔细地读了一遍，然后朝邓老师望了一眼，便开始答起卷来。交卷的时候，这位女生塞给邓公明老师一张折叠成心形的餐巾纸，上面认真地写着："谢谢邓老师，从来没有老师这样做过，至少我以前没遇见过。虽然我很难过，不过看了您的话，我忽然全身充满了力量，我相信自己还是可以撑下去的。如果实在不行了，我想我会第一时间向老师您寻求帮助的！真诚地谢谢您！陈雪梅。"

正是邓老师小小的温馨的纸条和真诚的微笑，让陈雪梅同学体验到了从未有过的关爱，体会到了邓老师的良苦用心，感受到了心头上阳光的温暖和爱的力量，因此才使她从失去初中时最好朋友的悲痛中走了出来，浑身充满了信心、充满了力量，开始答起卷来，并对邓老师表示真挚的感谢，甚至将邓老师看作"有什么困难会第一时间向他寻求帮助"的知心朋友。

3. 教师对学生的爱，要从鼓励学生、信任学生做起

鼓励和信任学生，也是爱学生的方式。尤其，对一些学习较差的学生来说，教师的鼓励和信任，犹如和煦的阳光照耀着他们稚嫩的心灵，能使他们深深地体验到爱的温暖和力量,激发起强烈的学习热情,产生积极上进的动力,从而奋发努力、不断进取,以致使自己发生根本性的转变,甚至改变一生的命运。

特级教师钱梦龙从小智力平平,到小学五年级的时候就创下了三次留级的纪录,但在五年级留级后,遇到了兼任国学课的武钟英老师。上课第一天,吴老师就把他叫到办公室,拿出一本四角号码小字典,对他说:"现在我教你四角号码查字法,如果你能学会,就可以证明你不是什么'聪明面孔笨肚肠'。你想证明一下自己吗?"在武老师的鼓励和指导下,钱梦龙学会了这种查字法,于是信心大增。接着,吴老师又让他每天在上新课之前,将课文里的生字从字典里查出来抄在黑板上,供同学们学习。一个长期被同学看不起的"老留级生",居然还能承担如此光荣的任务,让钱梦龙感到从未有过的自豪! 由于爱武老师也爱上他的课,又不断在国语课上受到表扬……因此,钱梦龙渐渐地变了,自信心增强了,学习进步了,最后成为一名优秀的教师。

正是武老师真挚的爱和出色的教育艺术,使钱梦龙体验到了"师爱"的温暖和力量,从而迸发出上进的激情和动力,才将自己从"差生"的路上拉了回来,并不断地激励自己发奋努力,因此才学有所成、判若两人,乃至改变了自己一生的命运。

4.教师对学生的爱,也表现在善于找理由夸奖孩子上

有人说,爱孩子的老师,总能找到夸奖孩子的理由。夸奖孩子也是爱孩子的表现。尤其,对一些犯了错误的孩子,如果教师在看到他们缺点和不足的同时,能仔细寻找、发觉其身上的优点并加以适当的夸奖,使他们从内心充分地体验到老师的关爱,就既能保护学生的自尊心,又能帮助他们树立自信心,而且还能促进他们更好地成长。

马云就是一个典型的例子。

马云小时候非常贪玩,有一次和同学打架,头上流了很多血,时任班主任的孙老师送他上了医院将伤口包扎好。路上,批评完他后,孙老师还夸他是一个诚实的好孩子。当时,在学校里打架是坏孩子的表现,而孙老师的一句"好孩子",既保护了马云的自尊,又给了他当好孩子的自信心。正是凭借强大的自信,马云经过一路打拼,成功地掌舵阿里巴巴集团。后来,马云经常说:"优秀的老师不只是教我们知识,而且还能发现我们身上的特质、潜力,种下未来的种子。"大家试想,假如当时孙老师说他是"坏孩子",或许,"阿里巴巴集团老总"便被"扼杀在摇篮里"。

孙老师批评之后,又通过找理由夸奖孩子的做法让当时心理状况极差的马云深深地体验到孙老师对自己的"爱",从内心感受到了老师"爱"的温暖,于是心里又有了一线光明和希望,产生了自信和力量。

从某种意义上讲,一句"好孩子"的夸奖,让马云不仅体验到了爱、树立了自信,而且助推了自己一生的成长。可见,对学生来说,能够体验到老师的"爱"是多么的重要啊!

三、体验到尊重能找回自信

同样,体验到别人给予的尊重,能树立起自尊和自信,并奋发图强,努力作为,取得事业的成功。

得到了别人的尊重或者说自己被尊重的需要得到满足后,能使人体验到自己活着的价值,体验到自己在他人心中的地位,从而对自己充满信心,对社会满腔热情,对事业充满成功的渴望并能为之付出艰辛的努力、不懈的奋斗,以致取得事业的成功。

在美国,一个颇有名望的富商在路边散步时,见一个衣衫褴褛、瘦骨嶙峋的摆地摊卖旧书的年轻人正在寒风中啃着发霉的面包。有着同样苦难经历的富商顿生一股怜悯之情,便不假思索地将8美元塞到年轻人的手中,然后头也不回地走开了。没走多远,富商忽然觉得这样做不妥,于是连忙返回来,从地摊上捡了两本旧书,并抱歉地解释说自己忘了取书,希望年轻人不要介意。最后,富商郑重其事地告诉年轻人说:"其实,你和我一样也是商人。"

两年之后,富商应邀参加一个商贾云集的慈善募捐会议时,一位西装革履的年轻书商迎了上来,紧握着他的手不无感激地说:"先生,您可能早忘记我了,但我永远也不会忘记您。我一直认为我这一生只有摆摊乞讨的命运,直到你亲口对我说'我和你一样都是商人',这才使我树立了自尊和自信,从而创造了今天的业绩……"

富商万万也没有想到,两年前一句普通的话竟能使一个自卑的人树立了自尊心,一个穷困潦倒的人找回了自信心,一个自以为一无是处的人看到了自己的优势和价值,终于通过自强不息的努力获得了成功。

不难想象,这位富商当初即使给年轻人再多的钱,如果没有那一句"其实,你和我一样也是商人"的尊重鼓励的话,年轻人也断然不会发生如此大的人生剧变。正是"其实,你和我一样也是商人",让年轻人体验到了富商对自己的尊重,体验到了被人尊重,尤其是被地位远远高于自己的人尊重的满足感,从而产生了自尊、自信,激起了前进的动力,因此经过自己的不懈努力才创造出辉煌的业绩。这就是体验到被人尊重后产生的强大力量啊!

四、教师要尊重学生,并使学生体验到尊重

教师对学生的爱最重要的是尊重。学生体验到老师的爱和尊重后,能从心灵深处感受到老师的良苦用心,萌发后悔和愧疚之意;能真正地认识到自身的错误,并虚心地接受老师的批评、教育,而且能主动地改过自新。因此,教师要努力做到宽容学生、尊重学生,尤其要尊重学生的人格、维护学生的尊严。

1. 教师要宽容学生、尊重学生

宽容也是一种爱和尊重。学生在课堂上犯了错误,违反了纪律,如果教师能以博爱之心宽容学生的错误、尊重学生的做法,学生不仅能避免尴尬、难堪的局面,而且能从心里体验到老师的爱和尊重,从而诚恳地承认错误,并坚决地改正错误。

小丁课堂表现不好,秦鹏老师私底下多次找他谈话,但是效果一直不好。一天,秦老师由于感冒嗓音有些沙哑,但讲课热情饱满,学生听讲很认真。可就在下课铃响起前,一阵狂笑刺破了教室的宁静。原来小丁画了一幅漫画:一位声音嘶哑的男教师在上课,教师嘴里的两条蠕动的毛毛虫是导致老师嗓音嘶哑的罪魁祸首。小丁的同位马克看到漫画后,

因此失声大笑。

秦鹏老师这时并没有在众多学生的示意下批评小丁和马克，而是微笑着让他将作品拿到讲台上让同学们欣赏欣赏，结果引起了同学们天真的笑声。

课后，马克和小丁诚恳地承认了错误，并表了态：第一，作为学生上课要专心听讲，保证再不犯错；第二，既然老师能宽容学生的错误，尊重学生，作为学生更应该珍惜老师的劳动成果，尊重老师。后来，小丁的学习态度发生了极大的变化，马克的狂笑声也再没有出现在课堂上。

马克和小丁这次为什么能发生这么大的变化呢？本想要挨老师的一顿狠批，结果秦老师不但没有批评小丁，而且态度温和地让他展览漫画作品。他正是真切地体验到秦老师对他的宽容和尊重，因此才会产生那么真诚的表态，才能发生前后判若两人的变化。

2. 教师要尊重学生，特别是在众人面前要给学生留一定的"面子"

学生，特别是处在青春期阶段的中学生，大多数具有一定的逆反心理，对老师往往容易产生抵触情绪，对老师的批评、教育更是拒之于千里之外，原因主要在于老师给予他们的爱和尊重，学生往往感受不到、体验不到。马斯洛曾说："在通常的人际关系中，在一定程度上我们是彼此难以理解的，在爱的关系中，我们变得'可以理解'。"因此，教师只有通过具体的事例，通过与学生的日常接触、交往和交流，将对学生埋藏在心底的爱表露出来，让学生看得见、听得到、摸得着，让学生切实感受到老师为他们付出的心血和汗水，体验到老师对他们点点滴滴无私的爱、对他们人格的尊重、对他们尊严的维护，才能消除他们对老师的抵触心理，从内心接纳老师，敞开心扉，心平气和地与老师进行交流、沟通；做错事后才能真正静下心来反思自己的行为，并产生愧疚之意，认识到自己犯下的错误，虚心、诚恳地接受老师的批评、教育，努力改正错误，并督促自己步入正道，开启新的生活篇章。

某县高中女教师卢老师，在语文课上到半截正讲着一个知识点时，墙角有个男生突然站起来，很暴怒地说："讲！讲！讲多少遍了！烦透了！老师，你滚出去！"卢老师一下子懵了，脑子里一片空白。这个班她带了快两年半了，师生关系一直很融洽，这是怎么回事？班上几个同学觉得这个男生太不像话了，纷纷谴责，让他道歉。但这个平时腼腆的男生，那会儿不知怎么了，犟得跟头牛似的，不但不接受，反而变本加厉，非撵老师走。

当时，卢老师可以停止讲课，负气离开；可以狠狠地批评他，让他难堪；可以打电话找家长，把他领回。但她都没这样做，最终还是强忍怒气，让那个男生有什么意见下课后到办公室单独找她谈。

放学后，卢老师刚到家，就接到同事的电话，说有个男生在办公室等她，见不到人不走。

卢老师怕他想不开，立即骑车回到办公室。那位男生向她解释了原因，并认识到了自己犯下的严重错误。但卢老师并没有责怪他，反而安慰他，并说理解他的心情，已经原谅他了。

从那以后，不光那位男生，班上的其他学生，上课表现得都非常好。第二年高考，那位男生考上了"一本"。

正是那位男生体验到了卢老师对自己深深的爱、对自己人格的尊重、对自己尊严的维护,才消除了对老师的抵触情绪,深刻地认识到了呵斥老师行为的严重错误。同时,他也深感内疚,而且更懂得了尊敬老师、遵守课堂纪律、刻苦学习,因此,在课堂上的表现才有了那么大的改变,并取得了那么优异的成绩。

3.教师要极力维护学生的尊严

苏霍姆林斯基曾说过,"教育的核心,就其本质来说,就在于始终让儿童体验到自己的尊严感"。

获得应有的尊严感,是每个人成长过程中必不可少的心理需要。即使学生犯了严重的错误,教师也要以宽广的胸怀、慈母般的大爱,通过合理、巧妙的方式尽最大的努力去维护学生的尊严。只有维护了学生的尊严,保护了学生的自尊心,让学生切实体验到老师的爱和尊重后,他们才能更好地反省错误、提高认识,并彻底地改正错误,形成良好的道德行为。

在这个问题上,笔者有亲身的经历和深刻的感触。

那一年,笔者担任五年级班主任。那段时间,班里的学生不停地向笔者反映,有的说钢笔少了,有的说硬皮笔记本没有了,有的女同学说自己漂亮的发卡被别人偷去了,笔者一直没当回事。直到有一天,全班七八名同学共同将矛头指向了刘晓(化名),说她偷了王妮(化名)的硬皮本子,要当着全班同学的面翻她的书包。怎么办呢?笔者想,无论如何也要把这件事处理好。于是,笔者给全班学生布置了作业,拎起刘晓的书包走出了教室,并示意刘晓、王妮一起跟笔者到办公室。在去办公室的途中,笔者趁王妮不注意,用身子作掩护,悄悄地从刘晓的书包里将硬皮笔记本拿出来夹在怀里,到了办公室后又悄悄地放进办公桌虚掩的小橱里。这时她俩一起进来了,笔者一本正经地说:"王妮,现在我当着你俩的面看看你的硬皮笔记本在没在刘晓的书包里。"说着,笔者用眼的余光瞟了一下刘晓,她满脸通红,紧张得发抖,一副可怜巴巴的样子。笔者亲自打开书包,结果里面连硬皮笔记本的影子也没有。这时,王妮一脸疑惑,似乎有点儿后悔;刘晓也正纳闷地看着笔者,但表情显得没先前那么紧张了。这时,笔者拉开刚才虚掩的橱门,拿出硬皮笔记本,对王妮说:"上课前低年级一个小同学拾到一个本子,交给了我,你看看是不是你的。"王妮接过笔记本,目光里充满了懊悔。回到教室后,笔者当着全班学生的面,解释了笔记本的来龙去脉,解开了全班学生的心结,然后继续上课。

"自尊心是青少年最敏感的角落,是学生前进的潜在力量,是前进的动力,是向上的能源,它是高尚的心理品质。"(苏霍姆林斯基语)保护了学生的自尊心,就是保护了他们知错就改的力量。几天后,笔者收到刘晓同学的一封信,600多字的篇幅。信里,她真诚地向笔者表示感激"……刘老师,那天如果不是你,我真不知道该怎么办。如果您当着全班那么多同学的面从我的书包里搜出王妮的本子,我真的不知道自己应该怎么办,我真连死的心都有。我真的太感激您了,是您没有让我当着全班同学的面丢脸,是您让我在全班同学面前保住了尊严,是您让我的自尊没有受到任何创伤……刘老师,我错了,我真的不应该因羡慕而偷拿别人的东西。在这里我向您发誓:以后我绝不再拿别人的东西了,真的。如果再拿别人的东西,我怎么能对得起您呢? ……"

从那天起,在以后的一年多的时间里,在刘晓身上再也没有发生过类似的事情,而且,刘晓还和笔者成了无话不谈的好朋友。

"谁爱孩子,孩子就爱他。只有爱孩子的人,他才能教育好孩子。"(前苏联捷尔任斯基语)或许,正是在处理这件事情的过程中,笔者做到了以人为本,尊重和维护了刘晓的尊严,使她从内心深深地体验到老师的爱,体验到老师对她人格上的尊重,因此她才会深刻地认识到自己的错误,并痛下决心痛改前非,彻底地改变了自己。

五、学生体验到爱,心中才能有爱,才能知道爱他人

Micheal Schulman 和 Eva Meker 研究发现,"要培养出心中有爱的小孩的方法,就是让孩子感受到被爱。被父母钟爱的子女较可能喜欢别的孩子,也较受欢迎"。还有,Martin Hoffman 发现,"那些肯花时间跟孩子游戏、交谈及开玩笑并念书给孩子听的父母,便会有友善、宽大及友情的子女。另外的研究证实了事实的另一面,觉得被父母所排斥的子女具有侵略性而又无情"。

记得《读者》上有一篇文章,讲述了两位母亲用付出生命的代价爱自己的孩子的故事。母亲的举动唤醒了麻木中的孩子,他们体验到深沉如大海般的无私亲情后,心灵受到深深的触动,在爱的感悟下,孩子开始重新选择生活的道路。

孩子们都是充满情感的,如果能让孩子们从小经历心灵的洗礼,从最基本的小事感受到爱、体验到尊重,那么他们一定能懂得爱与尊重,懂得怎么去爱别人、尊重他人。

六、学生体验到尊重,才能理解尊重的含义,才能尊重他人

"行为——是每个人反映其面貌的一面镜子。"(歌德语)行为及其结果的反馈信息对个体认知的正确与否有着检验的作用。人只有在具体的情境中,通过从事的某种具体行为所产生的结果和意义才能认识到引导、支配和控制该行为发生的道德认知、道德态度正确与否。同样,也只有在与人接触和交往中,实施了某种具体的行为后,通过对方对该行为的态度或评价,才能知道自己的行为正确与否、是否做到了尊重对方,才能从中真正理解尊重的含义,并懂得怎样才能做到尊重他人。同时,只有在经历了尊重他人也得到了他人相应的尊重的过程后,才能真正懂得"爱人者,人恒爱之;敬人者,人恒敬之"(孟子语)的道理。

笔者记得有这样一个有趣的故事。

一个小男孩不懂得见到大人要主动问好、对同伴要友好团结,缺少礼貌意识。妈妈为了纠正他的这一缺点,把他领到了山谷中,让他对着周围的群山喊"你好,你好。"山谷自然回应"你好,你好"。妈妈又让他喊"我爱你,我爱你",山谷也回应"我爱你,我爱你"。小男孩惊奇地问妈妈这是为什么。妈妈告诉他:"朝天空吐唾沫的人,唾沫会落到他的脸上;尊重别人的人,别人也会尊重他。"就这样,小男孩渐渐变得对别人有礼貌,见到别人能主动问好了。

正是在对着群山呼喊也得到群山回应的过程中，小男孩亲身体验到"你怎么对待别人，别人就会怎么对待你"，因此，才理解了妈妈所说的话，并且懂得了应该怎样尊重别人。

还有哈维·格鲁布的故事。

1983年秋的一天，哈维·格鲁布在校长的带领下参观博物馆时，发现一个乞丐坐在路边。每当有人向他施舍时，老乞丐都会低头致意："谢谢，上帝保佑您。"富有爱心的哈维·格鲁布在经过那个乞丐身边时，从口袋里摸出一枚一美元的硬币，顽皮得像平日里投石子一样，向乞丐面前的那个敞口杯掷去，可惜硬币没有命中，而是在发出"当"的一声响后蹦到了外边。响声惊动了老乞丐，虽然知道有人在施舍，可老乞丐面无表情地抬头看了一眼，便默不作声地低下了头。

哈维·格鲁布有些不高兴，他明明一片好心，可一句感谢的话都没听到。校长乔克敏恰好目睹了这一切，他走过来说："亲爱的孩子，我知道你为什么不高兴。我来教你一个办法，在前面路口，我们或许还会碰到乞丐。这一次，不论多少钱，你一定要弯下身子，轻轻地放在他们面前。然后你再看看会发生什么事。"拐弯处，果然碰到一个乞讨的老太太。哈维·格鲁布从口袋里摸出一枚十美分的硬币，像校长说的那样，弯下腰，轻轻地放在老太太面前的纸杯里。虽然他的动作很轻，可老太太立刻睁开了眼，向他微笑着说："上帝保佑你，我的孩子！谢谢你了！"哈维·格鲁布开心地笑了。校长对他作了个"V"字形手势，然后说："我的孩子，你一定要记住，即使你想让乞丐对你说声谢谢，你也必须尊重他。我们只有尊重别人，才能赢得别人的尊重。"

两次施舍乞丐的经历，让哈维·格鲁布分别深刻地体验到被别人轻视与尊重的滋味儿，从而懂得了"只有尊重别人，才能得到别人尊重"的道理，而且懂得了在生活中应该如何对待他人、如何才能做到尊重他人。

20年后，哈维·格鲁布成为美国运通公司总裁。当别人问他何以如此受到员工的爱戴时，哈维·格鲁布回答说："我在上中学时，就学到了人生最重要的一课：想让别人对你心存感激，你就应该像尊重自己一样尊重他！"

正如成功学家拿破仑·希尔所说，"你以怎样的态度对待别人，别人也会以怎样的态度对待你"。

"要想赢得他人的尊重，首先要尊重他人。"笔者想，这是每个人都应该懂得并身体力行地遵循的道理。

其实，道德的本质，就是要在生活和人际交往关系中尊重每一个人，使每一人都体验到被尊重的快乐、愉悦。

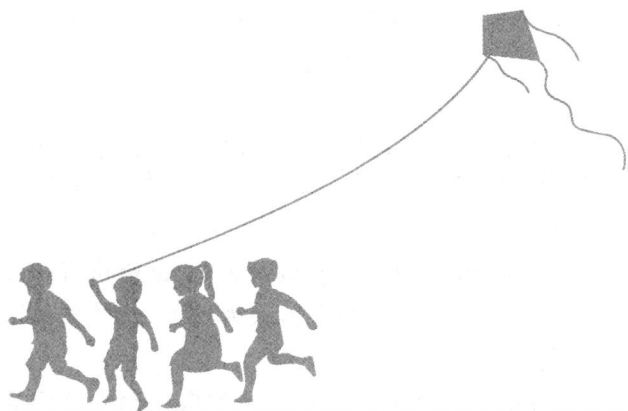

第五章

对《论语》中部分与体验有关的论述的感悟

　　《论语》记录了孔子及其弟子的言行,是圣哲孔子思想的集中体现。它涉及的领域广泛,涵盖政治、教育、品德、伦理、文学等诸多方面。其中,许多论述是孔子及其学生在亲身经历、实地考察和亲自实践中所产生的感悟、获得的认识,尤其是在道德、修身等方面的体验。深入学习这些论述,深刻领会其中的内涵,不仅对我们教师自身是一种成长和超越,而且对做好学生的道德教育、人格塑造以及情感、态度、价值观的培养等也具有积极的指导意义。

子曰："学而时习之，不亦说乎？有朋自远方来，不亦乐乎？人不知而不愠，不亦君子乎？"

[感悟]"学"在这里的意思是：一是学习，主要指从书本上获取知识；二是模仿、仿效，主要指在社会生活实践中，以在品德、学识、能力等方面优于自己的人为榜样，仿效着他们去做。"习"的意思是：一是复习、巩固，二是练习。"知"：了解、理解。

孔子说："学习并能经常复习、巩固所学的知识；在生活实践中，仿效自己确立的榜样去做，并能经常对照着榜样练习，（一定能有所长进）不也让人感到高兴吗？有知己的朋友从远处来（一起探究学问），不也感到很快乐吗？（做了对别人有益的事情）别人不理解自己，甚至怨恨自己，也不恼怒，能做到这些，不也是谦虚谨慎、彬彬有礼的君子吗？"

将学习知识并不断地巩固知识，模仿榜样去做并不断地对照着榜样练习，与志同道合的朋友一起探讨学问，看作很高兴的事情，这是孔子多年做学问的深刻体验。从这里足以看出他对做学问的爱好和执着。这也告诫和教育后人，研究学问，不仅要有浓厚的兴趣、采取不同的方式，而且要以此为乐并乐在其中。对别人的不理解甚至是怨恨，也不生气、不计较，可以看出他的大度和修养，具有"海纳百川"的胸怀。这是孔子在为人处事方面的深刻体验。他教育后人，做人要有博大的心胸，要善于宽容别人，即使对别人的缺点，甚至别人对自己的误解、怨恨也要多给予理解和包容。

子曰："吾十五而有志于学，三十而立，四十而不惑，五十而知天命，六十而耳顺，七十而从心所欲不逾矩。"

[感悟]"志"：志向。"立"：独立、自立。"惑"：迷惑。"耳顺"：听到别人说的话就能深刻理解其中的意思。"从心所欲"：随心所欲。"从"：顺从。"天命"：上天主宰人们的命运，这里指世间万物不可违背的自然规律。

孔子说："我十五岁时立下志向做学问，三十岁时就能在社会上自立，四十岁时就能不被世间各种现象所迷惑（即具有道德辨析能力、道德判断能力），五十岁时就认识到世间万物不可违背自然规律（即具有较高的道德认知能力），六十岁时就能深刻理解别人说的话的意思，七十岁时就能按照自己的意愿，随心所欲地做事，而且，也不会有违反道德的地方。"

这是孔子对自己不同年龄段人生实践的深刻体验和内省，并从中感悟到不同时间段的生命成长对自己产生的深刻的甚至是决定性的影响。一般来说，有道德智慧的人，善于珍视自己的独特经历，并对自己的各种经历进行不断的内省，从中可以领悟到许多生存和生长的智慧。而且，在每一次的内省和领悟中，其道德境界就会有一定的变化和提升。

这一论述启迪人们,做人要善于在深刻体验的基础上,不断地进行反思和总结。只有通过体验、反思和内省,总结自己在不同人生阶段的得与失,才能及时地发现自身的优点,找出自身的缺点和存在的不足,做到扬长避短,不断地发展和完善自我,提升道德境界,努力成为一个至善至美的人。

子曰:"默而识之,学而不厌,诲人不倦,何有于我哉?"

[感悟]"识":学习、领会。"厌":满足。

孔子说:"默默地学习、领会所学的知识,终身学习也不感到满足,教诲别人不知道疲倦,(除了这些)我还有什么可以值得说的呢?"

这是孔子在学习知识和传授知识上的深刻体验。

"默而识之,学而不厌,诲人不倦",这是孔子一生的真实写照,是一种很高的做人境界。"学而不厌"体现了孔子酷爱学习、终身乐学且永不感到满足的求知态度。"诲人不倦"体现了他热爱学生、乐于奉献的师者风范,是一种高尚的师德。"何有于我哉?"进一步表现了孔子虚怀若谷的自谦品质。

这一论述对做人提出了要求:不仅要有自主学习、终身学习的意识和能力,而且要有谦虚谨慎的品质、永不满足的人生追求;对教育者来说,还要有默默无闻、无私奉献的育人精神。

子曰:"饭疏食饮水,曲肱而枕之,乐亦在其中矣。不义而富且贵,于我如浮云。"

[感悟]孔子说:"吃粗饭喝清水,弯起胳膊来枕着睡觉,(过着这样清贫的生活)我也能感到非常的快乐。靠做不符合道义的事情得到的财富和优越的地位,对我来说就像天上的浮云一样。"

这是孔子对清贫生活的体验和态度,充分表现了他乐观、豁达、正直、无私的处世心态。

这一论述启示和教育人们要树立正确的价值观和人生观,乐观地对待生活的困难和挫折。不要利用不正当的手段,通过不合法的途径去谋取不道德的财富;相反,只有经过自己辛勤努力创造的财富,才是自己真正意义上的财富,才是正义的、道德的。

子曰:"文,莫吾犹人也。躬行君子,则吾未之有得。"

[感悟]"莫":表示猜测。

孔子说:"就学问方面,我可能与别人差不多。亲身实行做君子,那么我觉得自己还没有做得到。"

这是孔子在做学问和践行仁德方面的深刻体验和内省。

在做学问方面，孔子可谓学识丰富、知识渊博，但他仍觉得"莫吾犹人也"；在为人处世的君子之道上，他又认为"吾未之有得"。这充分表现出孔子谦虚谨慎的品质和对自己永不感到满足的人生追求。

实际上这是在教育人们，做人要谦虚谨慎、虚怀若谷，不要有点滴成绩就骄傲自满、妄自为大；在人生道路上，不要满足于现状，要激励自己不断地上进，锲而不舍，执着追求，以达到更高的道德境界和人生境界。

曾子曰："吾日三省吾身。为人谋而不忠乎？与朋友交而不信乎？传不习乎？"

[感悟] 曾子说："我每天多次反省自己，如帮助别人谋划事情是不是做到了忠诚，与朋友交往是不是做到了诚信，老师传授的知识是不是复习好了等。"

这是曾子对自己每天在做人、做事方面的深刻体验、反思和内省。由此可以看出他道德体验的境界是很高的。

从某种意义上说，一个人的体验能力和反思能力就是他的成长力。人只有通过深刻的体验、深入的反思和及时的内省才能认识到自己的优点，发现自己存在的不足，才能及时地总结经验、吸取教训、发扬优点、改正缺点；才能不断成长和进步，不断地充实自我、发展自我、完善自我；才能使自身素质日益得到提高，使自己日趋完善，使自己的道德境界不断提升。

这一论述主要教育人们，为人、谋事要养成善于体验、勤于反思的良好习惯。勤于反思是学生发展的核心素养之一，是学生自主发展的良好途径。

子曰："饱食终日，无所用心，难矣哉！不有博弈者乎？为之犹贤乎已。"

[感悟] 孔子说："整天吃饱了饭，而没有用尽心思去做一些事情，（无所事事），使人感到很不舒服！不是可以玩六博和下围棋吗？玩这些活动要比整天闲着没事干舒服多了。"

这是孔子对游手好闲生活的真实体验和感慨，反映了他不甘于无所事事、厌烦百无聊赖的生活态度，表现了他努力进取、积极作为的人生观。

这是在教育人们，做人要有积极向上的人生态度，要树立正确的生活观、人生观，不断超越自我，向往和追求至美至善的人生；不要甘于堕落，不要浪费青春年华，不要虚度人生的大好时光。

子在齐闻《韶》，三月不知肉味，曰："不图为乐之至于斯也。"

[感悟] 孔子在齐国听到《韶》乐，竟然被它迷得三个月品尝不出肉的滋味。他说："没

料到不是有意图特意地去听音乐,竟也能使人达到这种痴迷的境界。"

这是孔子痴迷于音乐的深刻体验,表现了孔子做事情的专注、执着程度达到了痴迷的程度;教育人们不论做什么事情都不能三天打渔两天晒网,而要做到一心一意、专心致志,只有这样才能把事情做好。

子曰:"学如不及,犹恐失之。"

[感悟]孔子说:"学习知识总感觉好像赶不上似的,等学到知识后,又害怕失去。"

这是孔子在探索、学习知识的过程中产生的深刻体验。

"学如不及"充分表现了孔子如饥似渴的求知态度,"犹恐失之"表现了孔子对已所学知识的倍加珍惜。同时,启迪后人,要树立积极的学习观、知识观,以积极、认真的态度正确对待学习、对待知识,要培养自己努力进取、锲而不舍的精神。

子在川上曰:"逝者如斯夫,不分昼夜。"

[感悟]孔子站在大河的桥上感慨地说:"人生就像这流水一样,昼夜不停地流逝,而且一去不再复返。"

这是孔子对自己人生深刻体验后发自内心的感慨,表达了他对失去青春年华的痛惜,对时间的珍惜,对生命的珍爱;同时也启示后人,要树立正确的生命观、人生观,珍惜时间,珍爱生命,勤奋学习,积极作为,以免留下"少壮不努力,老大徒伤悲"的终生遗憾。

子曰:"已矣乎! 吾未见好德如好色者也。"

[感悟]孔子说:"算了吧! 我没见过追求美德的人像追求美色的人那么多、那么迫切。"

这是孔子对当时社会人们不重视仁德、不努力践行仁德现象的担忧。

这一论述是充满绝望情绪的感叹,反映了春秋末期的社会风尚确实到了礼崩乐溃的境地。喜好美色是人的天性。孔子希望人们对仁德的追求程度也像追求美色一样。由此也可以看出,他对人们追求仁德、践行仁道的关注和期盼。

这一论述告诫人们,做人要将"德"摆在重要的地位,不断加强自身道德建设,不断加强对高尚道德情操的追求。

子曰:"谁能出不由户,何莫由斯道也? "

[感悟]"由":1. 经过;2. 顺随,沿着。

孔子说:"哪个人走出屋外能不经过门呢?(人们)为什么不沿着正道走呢?"

这是孔子对仁道在生活中的重要性的深刻体验和认识。

由此可以看出仁道在孔子心目中的位置,就好像家里进出的门一样重要,表达了孔子推广仁德、引领人们践行仁道的迫切愿望;也表达了孔子对当时社会人们不理解、不重视、不践行仁德而深感痛惜的思想感情。

"仁"是中庸思想的核心,也是当时社会追求的最高道德标准。本论述对于今天的人们来说也具有极其重要的教育意义,即要充分地认识到道德在人的自身发展、人们的社会生活和社会发展中的重要意义,要始终坚持将道德摆在人生和社会的重要位置,做到以德为首、立德树人、践行仁德。

子曰:"德之不修,学之不讲,闻义不能徙,不善不能改,是吾忧也。"

[感悟]"修":(学问、品行方面)学习和锻炼。"讲":解释、说明、论述。"徙":迁徙,这里指将学到的知识运用、践行的意思。

孔子说:"道德不去修炼,学问不去讲解、论述,听到的道义不去身体力行地应用、践行,不好的地方不去及时地改正,(这些问题)都是我现在所担心的。"

这是孔子对当时社会人们意志消沉、萎靡不振现象的担忧。

修身养德、探讨学问、践行道义、知错就改等,是每个人成长所必须经过的环节,也是良好社会风气的体现,它关系到整个社会的发展与进步。孔子对这些的担心,充分体现了他心系天下的博爱胸怀。

对于今天来讲,做人也需要从修身养性、追求学识、践行正义、改过自新等方面来不断地要求和完善自己。

子曰:"中庸之为德也,其至矣乎!民鲜久矣。"

[感悟]孔子说:"中庸作为一种道德,应该是道德中最高的吧!人们缺少这种道德时间已经很久了。"

中庸是孔子和儒家的重要思想,尤其作为一种道德观念,这是孔子和儒家尤为提倡的。"民鲜久矣"表达了孔子对当时社会缺乏仁德的痛惜和遗憾。

这是孔子对当时社会中庸思想严重缺失的担忧。

这一论述教育人们一定要充分地认识到道德的重要性,不断加强道德修养,努力做到将道德与生活同在、与人生同行、与社会共存。

子曰:"仁远乎哉?我欲仁,斯仁至矣。"

[感悟]孔子说:"仁德离我们并不远,只要我们想要做仁义之事,那么我们就能拥有

仁德。"

这是孔子自己追求仁德、践行仁道的亲身感悟和体验。

他以自己的经历和体验告诫人们不要过于神化仁德。其实,仁德并不是遥不可及的,它就在我们每个人的身边。能否拥有仁德,关键在于自己能不能去做仁义之事。只要我们以仁为本,努力践行仁义之事,就能拥有仁德,达到"仁"的境界。

这一论述主要引导人们,做人要身体力行地践行仁义之事,追求更高的道德境界。

子曰:"居上不宽,为礼不敬,临丧不哀,吾何以观之哉?"

[感悟]孔子说:"在上层地位的人,不能宽厚待人,行礼的时候不能做到恭敬严肃,参加丧礼时也不哀伤,这种情况我怎么能看得下去呢?"

这是孔子对当时社会礼崩乐溃不良现象的担忧。

孔子一贯主张实行"德、礼治天下",如《论语》中的"为政以德""能以礼让为国乎,何有",而当时的为官执政者做不到宽厚待人、盛行礼仪,以致使社会上呈现出礼崩乐溃的不良局面。孔子体验到这一现象后,深感痛心,甚至不能容忍。

这一论述告诉我们做人一定要宅心仁厚、崇尚礼仪,做到宽厚善良待人、以礼待人、以诚待人。这样,才能营造出团结、友好、和谐的良好社会氛围。

子曰:"吾尝终日不食,终夜不寝,以思,无益,不如学也。"

[感悟]孔子说:"我曾经一整天不吃饭,一整夜不睡觉来思考问题,也没得到什么好处,不如在社会实践中踏踏实实地做(得到的好处多)。"

这是孔子对知识只一味地思考而不去实践学习结果的深刻体验。这正是"纸上得来终觉浅,绝知此事要躬行"的道理。

这一论述主要强调了实践学习的重要性,同时也启示人们,人的成长和发展离不开实践。"实践的品格永远高于理论的认识。"(列宁语)做人就要善于从实践中学习,从实践中不断地反思得失、总结经验,从而促进自己更好地发展和成长。

宰予昼寝。子曰:"朽木不可雕也,粪土之墙不可杇也。于予与何诛!"子曰:"吾始于人也,听其言而信其行;今吾于人也,听其言而观其行。于予与改是。"

[感悟]"杇":抹灰、粉刷。"诛":谴责、处罚。

宰予白天睡觉。孔子说:"腐烂的木头不能用来雕刻,不坚固的墙壁不能粉刷。宰与身体不好,不要再苛求责备他了。"孔子说:"以前对于人,我只要听了他的话就相信他一定能去做;现在对于人,我不仅要听他说的话,而且还要考察他的行为。从宰予身上我改变了认识人的态度和做法。"

"听其言而观其行。"这是孔子在观察宰予的过程中体验到的。

孔子这是在告诫后人,判断一个人,不能光凭他说的话,还要考察他具体的行为,这样做才能对这个人有一个较客观、公正、准确的认识。这也教育人们,要树立正确的认知观、处世观。

子曰:"赐也!女以予为多学而识之者与?"对曰:"然,非与?"曰:"非也,予一以贯之。"

[**感悟**]孔子说:"赐啊!你以为把学到的所有知识都一一记在心里吗?"子贡回答说:"是这样,难道不是吗?"孔子说:"不是的,我是将学到的所有知识用一个根本的东西来贯穿它(使知识形成一个系统)。"

这是孔子对自己学习过程的体验和学习方法的总结。

"一以贯之",就是在学习、实践的基础上,经过认真地思考和深入的分析,从而体验到其中内在的规律性的或本质的东西,并经过梳理、加工将知识系统化。这是实践、体验的结果,也是孔子研究学问一贯采用的方法。

这一论述主要教育人们,学习应该在实践的基础上,通过深刻的体验来归纳、形成知识,提高认知水平。

联合国教科文组织1996年面向21世纪报告《学习——内在的财富》中明确提出,"要使学习,尤其是实践能力的学习方法与地点多样化"。其中,就强调了要加强体验式学习。

"学会学习"是学生发展的核心素养之一。"学会学习"就要做到乐学善学、勤于反思和具有信息意识。

学习是人一生中的知识支柱。对21世纪的人们来说,不仅要学会掌握知识即学会认知,还要学会做事、学会共处、学会生存。学会做事,旨在培养人们的实践操作能力;学会共处,旨在培养人们的合作意识、合作能力;学会生存,旨在培养人们健全的人格及自主能力、判断能力和个人责任感。

主要参考文献

[1] 习近平总书记系列重要讲话读本 [M]. 北京:学习出版社,人民出版社,2016.

[2] 赵勇. 体验教育 [M]. 北京:中国青年出版社,2002.

[3] 刘惊铎. 道德体验论 [M]. 北京:人民教育出版社,2003.

[4] 朱小蔓. 情感教育论纲 [M]. 南京:南京出版社,1993.

[5] 四书·论语 [M]. 昆明:云南教育出版社,2010.

[6] 四书·孟子 [M]. 昆明:云南教育出版社,2010.

[7] 品德与生活课程标准 [M]. 上海:华东师范大学出版社,2003.

[8] 品德与社会课程标准(实验稿)[M]. 北京:北京师范大学出版社,2002.

[9] 思想品德课程标准(2011 年版)[M]. 北京:北京师范大学出版社.

[10] 解本利,史义诚,陈庆礼,张继炼,陈伟宏,晏广生,张振华. 文心同行 [M]. 北京:
中国戏剧出版社,2010.

[11] 李吉林. 情境教育的诗篇 [M]. 北京:高等教育出版社,2004.

[12] 蔡元培. 蔡元培教育名篇 [M]. 北京:教育科学出版社,2007.

[13] 孙云晓,阮梅. 拿什么来爱你 我的孩子 [M]. 湖南:湖南文艺出版社,2011.

[14] 陶行知. 陶行知教育名篇 [M]. 北京:教育科学出版社,2005.

[15] 孙广来,赵海光. 青少年道德修养综合手册·哲理篇 [M] 海南:远方出版社,2008.

[16] 左晓梅. 让孩子学会做事的 102 个成长故事 [M]. 哈尔滨:哈尔滨出版社,2006.

[17] 冯恩洪. 创造适合学生的教育 [M]. 天津:天津教育出版社,2011.

[18] 鲁洁,王逢贤. 德育新论 [M]. 南京:江苏教育出版社,2000.

[19] 苏霍姆林斯基. 帕夫雷什中学. 赵玮,王义高,蔡兴文,纪强译 [M]. 北京:教育
科学出版社,1983.

[20] 〔美〕雷夫·艾斯奎斯. 第 56 号教室的奇迹. 卞娜娜译 [M]. 北京:中国城市出版社,
2009.

[21] 朱永新. 朱永新说教育 [M]. 青岛:青岛出版社,2017.

[22] 卢家楣. 情感教学心理学 [M]. 上海:上海教育出版社,2000.

[23] 孟昭兰. 情绪心理学 [M]. 北京:北京大学出版社,2005.

[24] 班华. 现代德育论 [M]. 合肥:安徽人民出版社,2001.

[25] 德育报 [J]. 德育报社,2014 合订本 1212 ～ 1263 期,2015 缩印合订本 1264 ～ 1315
期.

后 记

一个人的成长似乎离不开读书与写作。

工作之余,我总愿以书为伴,《教育文摘》《德育报》《中国德育》《四书》《教育论坛》等成了我饭后茶余必看的书目。"不动笔墨不读书。"每每读到精彩之处,我总是用笔标注并随时摘抄,以便于记忆和日后查找、摘用。随着阅读量的增加,我觉得内心有了一定的力量。

2010年5月,在青岛市教育局师训处李淑芳老师的引领下,我加入了教师成长的平台——琴岛教师工作室。从此,我坚持每天阅读老师们发在工作室网页上的案例、反思、随笔和感言,及时跟帖,发表观点,参与交流。在思想的交流中,在观点的碰撞中,在日积月累的历练中,我的身心都得到了不断的丰富和成长。

2010年和2012年,在青岛市教育读书活动评选中,我先后被评为青岛市教育读书人物、青岛市教育读书工程实践先进个人。2011年底,我有幸又被评为青岛市"纪念《教育文摘》创刊10周年阅读人物"。这些成绩的取得给了我莫大的鼓励和鞭策,进一步激发了我读书的热情和干劲。以读《教育文摘》为例,每一期《教育文摘》我都细细品读;每一篇文章读完后,我都会在后面写上自己的体会、感悟和观点,尽管有的只是片言只语或仅有寥寥数字。《教育文摘》中那些短小精悍的篇章透射出来的教育理念、教育智慧,以及其刊载的一些生动而又精彩的教育案例、富有哲理的教育故事,不断给我带来启迪和思考,慢慢地使我多了一些实质性的收获。于是,我积攒的东西逐渐多了起来,内心也觉得更充实了。

心里有了东西总想表达出来。结合自己多年的工作实践,经过不断深入的思考,我将平时的教育教学心得、体会和反思及时进行梳理、总结和提炼,并形成文字,通过不同的形式与教育同行们及时进行交流、沟通和分享,自身也得到了一定的成长。于是,先后有《制约青少年思想道德建设社会因素的调查与思考》《善待孩子的差错》《增强德育实效性的四点做法》等10多篇关于教育教学的文章发表在国家、省、市级等教育刊物上。

这些成果的取得,更加坚定了我积极探索、研究教育的信心。这时,我不想再仅仅局限于对某一节课或某一个案例的反思与研究,我想在教育教学的某一个方面做一些更为深入的思考、研究和探讨,并提出自己的一些见解、感悟和观点。

随着阅历的日益丰富和内心的不断成熟,我看问题的角度、认识问题的深度也都有了一定的变化。多年的班主任、少先队辅导员和任教思想品德学科的工作经历,使我逐渐觉察到当前学校的道德教育工作存在的一些问题,特别是以课堂授课式、说教式为主要方式的道德教育已难以走进学生的心理世界，也难以引发学生真挚的情感体验、强烈的思想共鸣和深刻的生命感动。我想，这是学校道德教育工作的实效性得不到落实的根本原因。因此，改变对学生道德教育的方式、方法，是我们必须面对的挑战，也是亟待解决的一大问题。

在随后的教育教学实践中，通过自己对教育孩子及教育学生的一些事例的反思，以及对国内外一些关于学生道德教育案例的分析，我渐渐认识到"体验"在学生的道德教育中具有不可替代的重要作用，并尝试着在自己的班级中开展一些不同形式的体验式道德教育活动，且取得了较为明显的效果。于是，我开始着手分析、研究、探讨"如何在学生中开展体验式道德教育，如何切实增强体验式道德教育的实效性"这一问题；并且，我也坚信在体验式道德教育的实施中，学校的道德教育工作一定能取得突破性的进展，我们一定能听到孩子们道德成长、生命拔节的声音。"体验——道德教育的生命线"这一选题就是在这样的背景下提出来并组织实施和完成的。在这里需要说明的是，提出体验式道德教育，并不意味着排斥和否定传统道德教育中的一些先进的理论、观点和成功的实践经验，也并不否认人类所积累的丰富的科学文化知识在道德教育中起到的各种诱发和唤醒的作用。例如，在关于活动—体验模式中，并不排斥理性教育研究。从思想品德心理的发展规律来看，从感性到理性，从具体到抽象，是必然的认识历程。因此，学生只有将从活动中获取的体验概括化、抽象化，才能形成稳定的价值观和世界观，以及稳定的心理结构和个性心理品质。所以，班华教授认为，"活动—体验模式的研究还要扩展到活动体验与知识理论学习相结合的研究、经验体验理性化的研究、活动与内省相结合的研究等"。因此，我们要将传统道德教育中的精华和经典及时地吸收和应用到体验式道德教育中去，做到在继承中创新、改革和发展，使体验式道德教育的根基更加牢固、羽翼更加丰满、价值更加凸显、发展的空间更广阔、结出的果实更丰硕。

当然，对青少年儿童教育的研究，特别是对少年儿童道德教育的研究是没有止境的，况且在本书稿中对体验式道德教育的提出和研究只是我个人的一些不成熟的思考和浅显的认识。因此，仍有待于我们在实践中不断地去探索、发展、改革、创新和完善。

书稿在拟定与撰写的过程中，得到了即墨省级高新技术产业开发区中学石玉华、于瑞英、徐晓、林媛、李永辉、崔斐斐和孙欣等老师许多中肯的建议、指导和帮助；青岛市李沧区东川路小学王淑芬书记对文稿提出了很多问题，特别指出要多写一些自己或身边的教育事例，对其他教育案例的采用要做到有典型性和代表性。令我欣慰的是，书稿也得到了即墨市教育体育局李志刚副局长的亲自审阅。李局长从文稿读者的确立、文稿性质的确定、文稿框架内容的设计三个大的方面指出了书稿存在的问题，并高屋建瓴地提出了很多指导性建议，让我思路豁然开朗，在迷茫中又找到了新的航标。特别是青岛市教育局教科所原书记解本利老师，在百忙之中多次帮我认真审阅书稿，为我重新调整写作思路、布局谋篇，并站在一定的理论高度上，提出了许多指导性建议，使我受益匪浅，有"听君一席言，胜读十年书"的感受。同时，也让我真正领略到了一位博学、厚重而又谦逊的大家的风范。另外，在书稿编审的过程中，我有幸遇到了在教育教学研究和教育出版研究方面皆成果颇丰的刘宗寅老师，他还为我的书写了序。在此，对各位专家、领导和老师的悉心指导和热情帮助，表示诚挚的敬意和衷心的感谢。

在书稿写作的过程中，我参考了很多有价值的文献资料，它们为本书提供了重要的指导和帮助。在此，对这些文献资料的作者和出版者表示由衷的感谢。

但愿《体验——道德教育的生命线》一书的出版，能够起到抛砖引玉的作用，以期待更多的教育工作者切实关爱学生的道德成长，关心学生的道德教育，关注学校思想教育和道德教育工作实效性的落实，以高度的责任心和强烈的使命感推动青少年思想教育和道德教育工作卓有成效地开展，不断提高青少年的思想品质和道德素质，使他们拥有善良的道德意愿、美好的道德情感，养成良好的道德素养，形成正确的道德判断和明确的道德责任，切实提高道德实践能力尤其是自觉践行能力。

"国无德不兴，人无德不立。"道德是一个国家发展和兴旺的根基，道德是引领人们确立信念、磨炼意志、把握前进方向、鼓舞人性向善的标杆，是使人获得生命支撑的核心力量。赫尔巴特指出："道德普遍地被认为是人类的最高目的，因此也是教育的最高目的。""教育的唯一工作与全部工作可以总结在这一概念之中——道德。""育德是教育的灵魂。"因此，我们要充分地认识到学生良好道德素质形成的重要性，认识到学校思想教育和道德教育工作的重要性、长期性和艰巨性，在工作中真正做到以德育为首、立德树人，培养一批又一批道德素质优良的合格人才，为伟大祖国的社会主义现代化建设，为实现中华民族伟大复兴的中国梦提供强有力的人才支撑。

刘希寿

2017 年 7 月